今日から使える！
いつでも使える！

明治図書

中学校国語授業のネタ&アイデア99

Yamamoto Sumito
山本 純人 著

はじめに

ねたねたねたねたねたねたねたねたねたねたねたねたねたねたねた

　上記の中に、「ねた」はいくつあるかを、何も使わず目だけで数えてみてください。いくつあったでしょうか？（目が乾かないように、まばたきも忘れずに。筆記用具や指を使わないと、目がチカチカします）

　さて、表紙には「ネタ」と書いてあるけれど、目次をよく見ると、ネタというよりは、「タネ」に近い内容が並んでいるはずです。タネは、水をやらないと芽が出ません。タネに水をやりながら、ぜひ内容をよく噛んで読んでみてください。噛めば噛むほど99の意味や価値が変わってきます。可能性は∞です。

　筆記用具で書き込みをしたり、蛍光ペンで線をぐっと引いたり、指でページの端っこを折ったり、この本は使い込むことで、自分のものになる本でもあります。数年後、数十年後に、書き込みや折り目があるページを見て、違和感を覚えれば、それは１つの成長として、きっと喜べるはずです。今の感性を大事にしつつも、その感性がいつも正解ではないことを、心のどこかにとどめておく。心に、まばたきをする余裕があれば、さらにいいでしょう。

　まばたきの途中で目にとまったものは、ご自身に近いアイデアです。目にとまらなかったものは、ご自身から遠いアイデアです。しかし、遠いアイデアこそが、窮地になったときの自分を救ってくれるものだったりします。

　最初から１ページずつ読むもよし、目次で気になったところから読むもよし。目をつぶってぱっと開いたところから読むのもよし。明日の授業参観の準備で「正直、困ったぞ」と思ったら読むのもよし。そのページが、何か１つでもお役に立てば、筆者としてこれ以上うれしいことはありません。

　ただし、ほんのちょっと多めにユーモアやジョークをちりばめて書きました。そのまま鵜呑みにせず、眉毛につばをつけながら読んでいただけたら幸いです。

2014年7月　　　　　　　　　　　　　　　　　　　　山本　純人

はじめに
こんな人は、ぜひ読んでください ……………………………………………… 8

今日から使える！いつでも使える！
中学校国語授業のネタ&アイデア99

漢字

1 漢字○字で書こう大作戦 …………………………………………………… 12
2 同じ漢字を縦に書き続ける練習からの卒業 ……………………………… 13
3 3年前のわたしのこと覚えていますか？ ………………………………… 14
4 子どもがリアルに間違う漢字を把握するツール ………………………… 15
5 間違いやすい漢字の4原則を押さえた漢字指導の工夫 ………………… 16
6 書体に隠された秘密の暗号 ………………………………………………… 17

語彙

7 「しりとりトレーニング」で語彙力アップ ……………………………… 18
8 「間違い探し作文」で語彙力アップ ……………………………………… 19
9 7字以内の語句限定「イミカ」 …………………………………………… 20
10 子どもが選ぶ「今日の一語」 ……………………………………………… 22

文法

11 解くよりつくる、で文法の定着度アップ ………………………………… 23
12 「鳩ぽっぽ」に合わせて助動詞をマスター ……………………………… 24
13 3人寄れば文法の知恵 ……………………………………………………… 25
14 「文の成分」はマーカーで色分け ………………………………………… 26
15 敬語の勉強はたし算 ………………………………………………………… 27

音読

16 音読アラカルト ……………………………………………………………… 28
17 陸上競技だって、追い読みだって ………………………………………… 29

| 18 | 悪い一寸法師をやっつけろ！ | 30 |
| 19 | 立ち読みは、教室でも短時間で… | 31 |

作文

20	100字よりもちょっと深い「140字作文」	32
21	「オノマトペ作文」で違いのわかる人間に	33
22	文末同型病の治療法	34
23	「木」を追う作文	35
24	数字の表記にこだわる	36

辞書

25	○音の言葉を探せ！	37
26	ダレた空気を吹き飛ばす「辞書速引き選手権」	38
27	「辞書ゴンクエスト」で楽しく語彙力アップ	39
28	「辞書ダーツの旅」で楽しく意味調べ	40

書写

| 29 | パソコンでつくる名前のお手本 | 41 |
| 30 | マスキングテープ活用で三丁目の習字 | 42 |

暗唱

| 31 | 場面の理解がさらに深まる「R（リバース）暗唱」 | 43 |
| 32 | 暗唱練習の安心保険 | 44 |

古文

| 33 | 歴史的仮名遣い指導の秘策 | 45 |
| 34 | 紙は折れても心は折れぬ古文暗唱プリント | 46 |

俳句

| 35 | 芭蕉になりきって俳句づくり | 48 |
| 36 | 俳句のレベルが格段に上がる魔法の一文字 | 49 |

- 37 思い出は書き切れないが「卒業す」 ……………………………………………… 50

短歌

- 38 最初の5文字しか書いてない百人一首一覧表 ………………………………… 51
- 39 短歌のお題で発想力トレーニング ……………………………………………… 52

読書

- 40 図書室通いが増える往復切符 …………………………………………………… 53
- 41 朝読書に小学校用国語辞書 ……………………………………………………… 54
- 42 ドラマの力、スポーツの力で角度を変えた読書指導 ………………………… 55
- 43 1枚の「読書案内」と「ぶつ」「ぶつ」交換 …………………………………… 56
- 44 国語教師は本のソムリエ ………………………………………………………… 57
- 45 「夏の100冊」活用で子どもの読書の幅を広げる ……………………………… 58

話す

- 46 机の向きなんか気にしないで、ちょこっと話そう …………………………… 59
- 47 なぜそこに教卓があるのか？ …………………………………………………… 60
- 48 話すことと目の使い方は切っても切れぬ縁 …………………………………… 61

聞く

- 49 校長講話で聞く力をアップ ……………………………………………………… 62
- 50 質問の腕が劇的に上がる聞き方 ………………………………………………… 63

読む

- 51 「簡単タイムスケジュール表」でストーリーをまとめよう ………………… 64
- 52 物語で地図づくり ………………………………………………………………… 65
- 53 落語の手法で範読マスターに …………………………………………………… 66
- 54 生徒の疑問点を共有する便利ツール …………………………………………… 67

書く

- 55 赤線の下の自由な世界 …………………………………………………………… 68

- 56 簡単・単純・純粋に「1行＝1分」の原則 …………………………… 69
- 57 筆記用具を持つ手元の写真をスライドショーで ……………………… 70
- 58 薄味はいいにしても薄字は× ……………………………………………… 72
- 59 名前の字は子どもの心のバロメーター ………………………………… 73
- 60 13字にこだわって書く活動 ……………………………………………… 74
- 61 学習のまとめは「はがき新聞」で ……………………………………… 75
- 62 必勝清書法 …………………………………………………………………… 76
- 63 往復葉書で暑中見舞い …………………………………………………… 77

時間

- 64 9秒間の整理整頓タイム ………………………………………………… 78
- 65 「すき間」時間活用は「てもちぶさた」が合言葉!? ………………… 79
- 66 「キ」で始まり「キ」で終わる授業の「キ」律 ……………………… 80

宿題

- 67 ￥がとりもつ読書の縁 …………………………………………………… 81
- 68 映画が先か、読書が先か ………………………………………………… 82
- 69 「もしよかったら」スタンスで公募活用 ……………………………… 83
- 70 夏休みの宿題の足並みをちょっと崩してみると……………………… 84

板書

- 71 黒板の不毛地帯に授業の「お品書き」を ……………………………… 85
- 72 すばやく、まっすぐな分割線を ………………………………………… 86
- 73 黒板には魔物が棲んでいる ……………………………………………… 87
- 74 黒板消しの意外な活用法 ………………………………………………… 88
- 75 授業を板書から考える …………………………………………………… 89

教材

- 76 副教材選び5つの鉄則 …………………………………………………… 90
- 77 小学校の文学教材再活用 ………………………………………………… 91

評価

- 78 評価カードを進化させる心意気 ……………………………… 92
- 79 タックシールで、ちっちゃい賞状 ……………………………… 93

試験

- 80 国語の試験勉強がしたくなる「御触書」 ……………………… 94
- 81 「解答用紙の素」で作成時間が半分に ………………………… 95
- 82 入試問題分析で作問の腕を上げる ……………………………… 96
- 83 配点は毎回固定主義 ……………………………………………… 97
- 84 ひとりぼっちの夜に、採点速度をあげるコツ ………………… 98
- 85 採点5ペンレンジャーの登場 …………………………………… 99
- 86 子どもの失敗を貯金する採点法 ………………………………… 100
- 87 △四天王から、△失点 No！へ ………………………………… 101

モノ

- 88 少年よ付箋を抱け ………………………………………………… 102
- 89 ランダム指名のすゝめ …………………………………………… 103
- 90 鬼に金棒、教師に指示棒 ………………………………………… 104
- 91 玄人(プロ)のチョーク …………………………………………… 105
- 92 手のひらサイズの閻魔帳 ………………………………………… 106

仕事

- 93 スタッフ、募集します …………………………………………… 107
- 94 自前教科書のすゝめ ……………………………………………… 108
- 95 なくさず、すばやく処理できる書類整理術 …………………… 109
- 96 みっちりプレゼンとさようなら ………………………………… 110
- 97 学級通信の1000本ノック ……………………………………… 111
- 98 研修会や雑誌の感想をじっくり書く …………………………… 112
- 99 「音」を出す教科からの学び …………………………………… 113

おわりに

こんな人は、ぜひ読んでください

　この本は、読みながら「ふっ」と笑ってしまう本になればと思って書いた1冊である。できれば、読んでくださる方の肩の力が、「ふっ」と抜けていけばという気持ちで書いた1冊でもある。

　さて突然だが、下記のうち、気になる項目はどれだろうか？

> ①定番の「夏休みの友」の「友」ってだれだ？　と思う
> ②居酒屋で、お姉さんの筆記用具の持ち方が気になっちゃう
> ③蛍光ペンの"蛍が光る"って意外と風流だな、と思う
> ④三度の飯より採点業務や解答用紙をつくるのが好きだった
> ⑤「きって」「たいひ」「たつじん」「めいれい」←漢字で書ける

　実は、この①～⑤には、下記のような考えが込められている。

①は、夏休みの宿題の出し方を改めて提案したものがp.84に書いてある。

→他教科と時間差をつけて夏休みの宿題を出すことで、生徒たちのやる気に火をつけたい。逆の視点で考えると、早めに提出できるシステムは、課題を見る先生の負担を減らすこともできる。当たり前こそ改善しよう。

②は、盲点の筆記用具の持ち方に視点を当てたものがp.70に書いてある。

→親御さんが忙しい時代になり、箸の持ち方同様、筆記用具の持ち方も千差万別。筆記用具の疲れない持ち方を知ることで、集中力もぐっと高まる。副作用は、居酒屋の店員さんが書く手元にも目が行ってしまうことだ（笑）

③は、文章を構造化するのに役立つ蛍光ペン活用法が p.26に書いてある。
→印刷物の多くは、黒い文字一色だ。カラープリンタがこれだけ世の中にある中でも、学校は今も昔も"黒一色"の世界である。だからこそ、文章に価値をつけたり、構造を見抜く目を養うのに、蛍光ペンが役立つのだ。

④は、採点業務の妙技や「解答用紙の素」について p.94〜101に書いてある。
→赤ペンをもらってうれしいのは、１年目までである。その後、何十年も〇つけをし続ける。だれにも教わらない分野なので、意外と改善が図られにくいのが採点の領域である。ちょっとした仕事術にもつながるので、ぜひどうぞ。

⑤は、教科書体の知られざる秘密やポイントが p.17に書いてある。
→PC全盛の結果、先生自身も黒板以外は手書きすることが激減している。だからこそ、義務教育で必要とされる教科書体の理解は、改めて大事になってきていると思う。遊びつつも、画数のことやポイントを学べる実践である。

　堅苦しく、ちょっと嫌だなと思うことも、少し角度を変えれば、まったく違うものになる。この本に書いてあることの全部はできないかもしれないので、目次を眺めたり、パラパラめくってみたりして、心が動いたものをやってみるのが、１つの使い方と言える。

　そして、うまくできたことを、お隣の先生や同僚の先生に紹介し、改めてやってもらえれば、この本の価値は何倍にもなるだろう。
　自分だけがよいのではなく、みんながよくなることは、けっこう大事なことなのだ。

さて、ページが変わったので、ちょっと余談で休憩を。
「ウルフルズ」という４人組のバンドをご存知だろうか？
ウルフルズの楽曲に『ええねん』という名曲がある。１行ずつ書かれた歌詞の最後に「ええねん」というフレーズが、それぞれついている。歌詞がよく、悩める思春期の教え子に紹介するぐらい、好きな曲の１つでもある。
実は、この「ええねん」という言葉が、全国の先生方を元気にするフレーズなのでは?!　と最近強く思っている。

何だかあまり失敗ができないような風潮が広まりつつある。これは、長い目で見ても、あまりいいことではない。子どもも先生も、「失敗の後に何をするか」が、結局のところ大事なのだ。
そして、失敗を恐れるあまり、失敗しないようにやることをストップしてしまうのは、これこそ「もったいない」のひと言に尽きる。

わざわざこの本を手にとってもらったのだから、目次を見て、これならできそうかなと思ったことから、まずは始めてみてはどうだろうか？　失敗が心配？　失敗しちゃったら、職員室に戻る途中に、「ええねん」とつぶやけばいいのである。「まずは、やってみる」が、スタートラインだ。

また、子どもの仕事の１つにも「失敗する」ということがあることを、心の片隅に置ければと思う。子どもは、失敗する中でゆっくり学んでいくのである。もちろん、うまくいくことに越したことはない。しかし、失敗したときに、心の奥底から「ええねん」という気持ちで接することができれば、それは本当の失敗にはならないだろう。

初任者指導の第一人者、野中信行先生もおっしゃるように、この国の教育をよくするためには、まずは全国の先生方が元気になることが、一番の近道だと思う。「ええねん」を合言葉に、一緒にやってみませんか？

蛇足だが、最後にこの本を読んでくださっている方へ、次の俳句を贈る。

レモンの黄(き)自分以外になれない黄(き)　　麻生明

　私が好きな俳句の1つだ。世の中にいろいろな黄色があるけど、レモンの黄色は、あの色だけと言えるだろう。

　同じように、眠い目をこすりながら教材を準備して、黒板に一生懸命文字を書くあなたは、かけがえのない「あなた色のあなた」なのだ。
　そう考えると、いろいろなことに対して、力を抜いて向き合ったりできるような気がする。

　あと100ページ以上あるので、BGMにウルフルズでも聴きながら、読んでもらえればと思う。ウルフルズの歌には、学校の先生を元気にする歌詞がたくさんある。ウルフルズ同様に、この本が学校の先生を元気づけるきっかけになれば、著者としてこれ以上の喜びはない。

　だから、ゆっくりと一緒にやっていきましょう。
　あなたは、決してひとりではない。

漢字〇字で書こう大作戦

　かんじのないくにだったらこんなかんじにどこまでもひらがなになる。かんじにはそのじじたいにいみがあることがとにもかくにもおおきい。ものがたりやせつめいぶん、またはぎょうじでもかんじ〇じというかつどうは◎

文中にある２字よりも、ない２字に価値をおいて

　例えば物語で、ある場面について「この場面を漢字２字で言い表してごらん」と投げかけると子どもはよく考える。できれば文章中にない２字を使えるように指導すると、本質をとらえたよい漢字２字の言葉が出てくる。出てきた言葉を比較させて、より本質に迫る活動をすると、物語の行間を読むことにもつながる。原稿用紙やノートに書かせることも大事だが、「ズバリ２字で答えなさい」と言われると、長文なら白旗の子も参加率が上がる。逆にそんな子の方が味のある核心に迫る言葉をあげることもある。短時間ででき、なおかつまとめの意味も含むこの「漢字〇字で書こう大作戦」はおすすめ。

行事にも漢字は大活躍

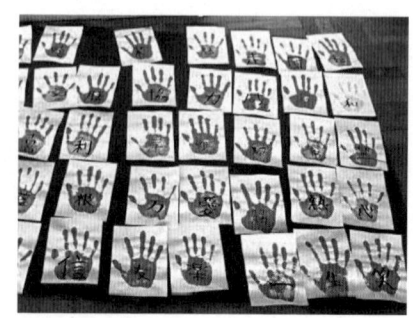

　右の写真の手形の中には、漢字が１字ずつ書かれている。これは体育祭の行事に向けて、各自１字ずつ漢字を書きなさいと言って取り組ませたものである。ポイントは「早いもの勝ちルール」。できたら前の黒板に掲示していくが、同じ漢字は使えないことにする。それぞれの字に行事に向かうその子の気持ちが端的に出る。特にやんちゃな子の１字には、学ばされることが多々ある。学級通信につなげやすい点も◎。

同じ漢字を縦に書き続ける練習からの卒業

　小学校時代からよく行われる、同じ漢字を縦に書き続ける練習。ある程度は意味があるかもしれないが、日常生活で漢字を活用できるようになることを目指すならば、この方法では心許ない。2つの視点で改善を図ろう。

続く言葉を教える（改善点①）

　例えば、「外圧」という言葉（ふりがなの○数字は、小学何年で学習したかを意味する）を使う場合、下にどんな言葉が続くだろうか。
・外圧が高まる　　・外圧をはねのける　　・外圧に屈する
　実際、「外圧」という言葉だけを使うことは稀で、このように、下に続く言葉があってはじめて使われる。下に続く言葉を知らないと、その漢字の活躍度はかなり低くなるとも言える。この点を意識して、漢字指導を行う。

視写する距離が遠い漢字練習（改善点②）

　とはいえ、練習量も重要だ。
　でも、ただ単純に書くのではなく、少しずつ視写する距離が遠くなるワークシートを使う。まずA→B→C→Dの順で書いていく。Aはすぐ隣に漢字があるので視写しやすいが、次第に距離が遠くなるので難しくなる。中には自分が書いたAを見てBを書く

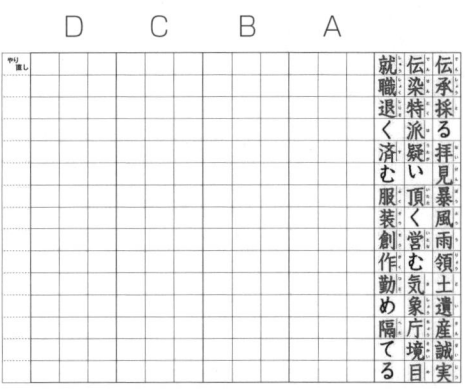

子もいる。そうすると、A→Bの段階で間違って視写していれば、Dでも間違うことになる。教師は、Dだけ点検するのだ。効果はある。

3年前のわたしのこと覚えていますか？

　漢字の勉強は、量を書けばよいわけではない。成功の近道は、○(マル)がたくさんつくことに尽きる。×ばかりつくのは、大人だってイヤになっちゃう。よこしまな目で入試問題から考えても、小学校で習う漢字はバカにできない。

ナメてはいけない小学校漢字（特に4年から6年）

　漢字は、計算問題同様、○か×がはっきりつく。だからこそ、やる気や効果には、細心の注意を払いたい。

　さて、この項目の見出しの中の「わたし」とは、漢字のことである。3年前にならった漢字は、現在習っている漢字よりも、もちろん簡単なものばかりである。一方で、日常生活での使用頻度は、それなりに高い。

　そこで、1つの方法として、3年前に習った小学校の漢字を中学校の授業で復習してみる。年間の授業日数で漢字の数を割ってみると、授業1回あたりに復習する大まかな漢字数の目安がわかる。実は、それほど多い数にはならない。

石のうえにも3年

　復習の仕方だが、まず、黒板の片隅に3年前に習った漢字の熟語を平仮名で書く。「さあ、やってごらん」の声でさっと書かせる。○のつく率は高い。正答率が高い方が、子どもは当たり前だがいい気分になり、漢字嫌いも少しは改善される。

　全国の公立高校の入試問題では、書きの問題の多くは小学校で学習した漢字だ。小さな復習だが、塵も積もれば山となる。中1で小4、中2で小5、中3で小6というイメージでやると、石の上にも3年ではないが、漢字の定着率がグンと上がる。結局、目のつけどころの差なのだ。

子どもがリアルに間違う漢字を把握するツール

漢字指導では、子どもが得意な漢字をいくら練習させても意味がない。子どもが間違える漢字の把握がポイントになる。子どもの苦手を把握し、苦手に重点を置いて覚えさせる。そのためのツールに「漢字マッキーノ」を。

子どもがリアルに間違う漢字を知る

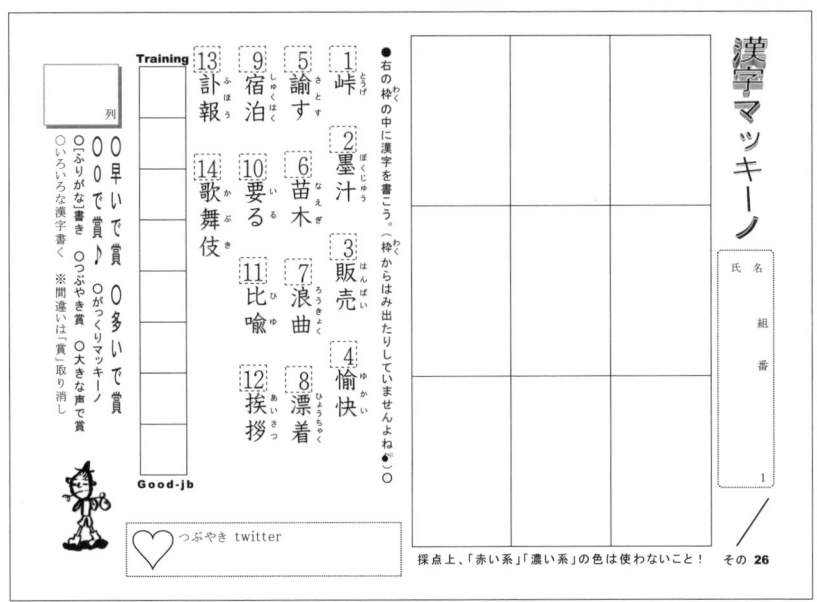

「マッキーノ」とは、愛知県の牧野英一氏が開発した漢字学習ツールだ。私自身、毎年少しずつ改善して使っており、上は2014年度版の一例。

この「漢字マッキーノ」活用のキモは、やった後に回収し、サラッと誤字の確認をすることだ。数分もかからないが、この「さらい」が授業の改善に役立つ。子どもがリアルに間違う漢字を知らないと、本当に効果的な指導はできない。そして、間違いの多い字は、フィードバックするのだ。

間違いやすい漢字の4原則を押さえた漢字指導の工夫

　漢字は、×や△がつきやすいものと、○がつきやすいものとに分類することができる。×や△がつきやすそうな漢字を、教える側が先に把握しているかいないかで、子どもたちの定着度にも差が出てくる。

間違いやすい漢字の4原則

　間違いやすい漢字は、ズバリ4つのパターンに集約される。

①他の字と似ている漢字
②比較的画数が多い漢字
③使用頻度が少ない漢字
④バランス感がない漢字

　当たり前と言えば当たり前なのだが、①と②は特に小学校で×△が多い理由になる。逆に中学校では、③と④で間違う場合が多い。
　子どもに漢字を教えるときに、上記の①〜④に当てはまるものが出てきたら、自分の心の中にとどめておく。そして、具体的にどのように間違うかを事前に予想したうえで授業を迎えたい。
　ただ、やたらめったら書かせればいいという時代は終わった。
　例えば、似ている漢字はあえて一緒に提示したり、画数の多い字は大きく板書したり、使用頻度が少ないものは熟語で紹介したり、バランスが悪い漢字は、どこがバランスのカギになるのか分析したり…。単に書かせるのではなく、「なぜ間違っちゃうのか」という原点に立ち、時間を有効に使って漢字を定着させたい。
　やたらめったら書いても、学力は伸びないのである。

書体に隠された秘密の暗号

　手書きで定期試験をつくっている先生は、全国にどれぐらいいらっしゃるのだろう。現在は、文明の利器を使ってつくっている場合が多いのではないだろうか。うっかりしてはいけないフォントの話。

秘密の暗号「切手対比達人北公命令」

　Wordも一太郎も、デフォルトのフォントは何体か？　答えは、明朝体だ。男前でいい字体なのだが、１つ問題を含んでいる。
　その問題が顕著にわかる漢字が、「きって　たいひ　たつじん　きたこう　めいれい」である。
　ちょっと紙に「手書き」で書いてみると、その問題がよくわかる。

　明朝体　　切手対比達人北公命令
　教科書体　切手対比達人北公命令

　子どもたちに考えさせてみるとおもしろい。
　はねるのか？　カーブするのか？　くっつくのか？　でっぱるのか？　画数は？　この位置から？　この形？　このようなことに注意が払えたら◎。
　金八先生が「『人』という字は…」と語っていたが、これも教科書体のなせる業である。「人」ではわかりづらい。違いのわかる「人」になりたい。

参考HP　光村図書「明朝体活字と筆写の楷書との関係について」
　　　　http://num.to/4070-8162-5575

「しりとりトレーニング」で語彙力アップ

語彙 7

　アントニオ猪木の１、２、３…ではなく、しりとりは３、４、５に限る。シンプルなルールのしりとりは、語彙を増やすいいトレーニングになる。短時間で刺激的なしりとりをやってみてはどうだろうか。

シンプルルールがおもしろさを倍増させる

基本ルール
①４人一組で机を田の字型にくっつける
②じゃんけんで順番を決定（時計まわり）
③５秒以内に３文字以上の言葉でしりとり
　（言えないときは起立。次にできたら座る）

　ルールはシンプルだが、大人がやっても意外と出てこない。つぶさに観察してみると、このしりとりに強い子がいるものだ。班でチャンピオンを決定して、班代表による学級チャンピオンを決めるのもおもしろい方法の１つ。
　学級の雰囲気が重苦しく、授業にならない状況であれば数分やるだけで効果覿面。４人一組、５秒以内に３文字以上、がこの活動のポイントである。

印象に残る言葉は何でしたか？

　単なる活動で終わらせないために、活動後ランダムに数人指名し、印象に残った言葉を発表させる。この発表であがる言葉は、味のある言葉の場合が多い。詩的な言葉や使用頻度の少ない言葉など、共有する価値が高い。ちなみに保護者会でやってもバッチリで、よい雰囲気になる。簡単なことでもスピードを求めると、活動の質が変わるよい例の１つだ。

「間違い探し作文」で語彙力アップ

　小さいときにやったことは大きくなってもできるし、年齢を重ねるとより効果的にできることもある。その１つ「間違い探し（同じような２つの絵の中から違いを発見）」は、説明力や作文力向上に役立つ遊びでもある。

指さすのは簡単だから、文章で説明

　右の絵※には５つ間違いがある。
　「間違い探し」は、指で押さえるのは簡単だが、それを文章で説明するとなると、ちょっと難度が上がる。
　どこが違うかを箇条書きさせると、①比較の仕方　②「もの」の名前、が必要不可欠となる。例えば、上部にある門松の葉っぱの数が違うことを説明するときに、場所の説明にプラスして「門松」という言葉が

出ないと説明がしにくい。こういう「説明しにくさ」が語彙を増やす１つの原動力となる。慣れてきたら箇条書きから文章で書かせるようにすると、接続詞の使い方などを学ぶよいチャンスにもなる。

最初の活動が簡単であることが成功の秘訣

　この「間違い探し作文」の最大のポイントは、最初に間違い探しをすることに尽きる。間違い探しという比較的簡単な活動が助走となり、書く原動力となる。後で少しつまずいてもいいが、最初の一歩でつまずかせない配慮が重要だ。
※夢夢色 TOWN　http://www.poipoi.com/yakko/

7字以内の語句限定「イミカ」

語彙 9

　足のサイズが2倍なんてことはそうないが、子どもの語彙数には正直かなりひらきがある。表立っての語彙の差は目につかなくても、裏では大きな差となり、国語が苦手になる1つの要因になっているのではないだろうか。

ひらがなでななじいないのごくをのせたいみか

　右の意味調べカード（通称：イミカ）を月に1枚（A5サイズ）配布し、以下の活動を行う。

①イミカを辞書本体等に貼る
②意味を辞書を使って調べる
③辞書で発見したら色を塗る
④最後まで終わったら申し出る

　載せる語句は、自校で使用していない他社の教科書の意味調べ該当語句や新出漢字を使った熟語等がおすすめだ。平仮名で書くことで、苦手な子でも取り組める。また、同音・同訓異字の勉強になるという点でも、平仮名であえて書く効果はある。だいたいの重要語句は7字以内に収まる経験則から、枠は7字が入るようにつくっている。長いもの（慣用句やことわざ）は最初の数文字入れて、あとは「〜」で省略する。

インターネットで語彙数測定

　コンピューター室を使う機会があれば、是非トライしてほしい語彙数測定サイト（http://num.to/0071-2828-9056）がある。実際にやってみると、具体的な語彙数がわかり、イミカをやる大きな動機付けになる。

3月 意味調べカード（通称：いみか）　氏名：＿＿＿＿＿＿＿＿＿＿＿

【やり方】①辞書で「言葉」をさがす。　②ふせんをはる。　③色をぬる。
　　　　好き　赤→とても大事　青→まあまあ大事　緑→面白い・不思議
　　　　苦手　好きな色でぬっていく。途中でかえても OK！

語彙

					日付
たんかをきる	てんかい	すえる	つれない	きどあいらく	1
ねにもつ	はつらつ	しゅうしゅう	しらをきる	こっけい	2
おしなべて	はなをあかす	かくやく	せつない	あんたい	3
こっきょう	なんしょく	ばんじ	みてくれ	としがい	4
はんい	ねすごす	みまがう	とじょう	さすらう	5
しりつ	きてん	きそうてんがい	ほんらい	でんこうせっか	6
ほうふ	じかく	ぎゃくじょう	つつましい	さまたげる	7
てまどる	なすりつける	ごらく	すこやか	ともなう	8
ぶんそうおう	ちょうじゃ	ふかけつ	とどこおる	できあい	9
おひれをつける	こごと	さっかく	てんけいてき	かぶとをぬぐ	10
むじんぞう	てごろ	ことばをにごす	しかめる	てぎわ	11
おとしいれる	くっする	とみ	きしつ	ほんろう	12
さかうらみ	さしず	おどりば	まんじょう	ちゅうざ	13
どぎもをぬく	ころあい	もたげる	かまけて	ぶなん	14
こんき	すたれる	してき	でっちあげる	めをつぶる	15
あしがつく	とだえる	むつまじい	じきゅうじそく	ひととなり	16
かたみがせまい	てまねき	りんきおうへん	こわばる	ぎんみ	17
みせしめ	ときめく	じこりゅう	たらいまわし	てばなす	18
ひかえめ	とりつくろう	おこたる	なんこう	もどかしい	19
まんせい	なじる	プログラマー	いれい	ひきさがる	20
ひのくるま	しのぐ	すんぶん	すどおり	しんきょう	21
どうどうめぐり	とりとめのない	とまどう	ふつつか	へんけん	22
ぬきうち	うとい	ばつがわるい	のきをならべる	にっしんげっぽ	23
きまずい	あしかけ	しんそこ	じだんだ	あんじ	24
こりつむえん	いさみあし	みかけだおし	こうてい	たにんぎょうぎ	25
こうりつ	したをだす	ごうをにやす	ときふせる	せんべつ	26
みゃくがある	しりめつれつ	もぬけのから	むじゅん	たかをくくる	27
てんせい	ねこじた	てんか	とうじしゃ	しにものぐるい	28
のべつまくなし	だいたんふてき	じょう	きせい	ことなる	29
とりかえし	しりめ	てだまにとる	ねんいり	しようまっせつ	30

子どもが選ぶ「今日の一語」

　子どもが興味をもつ語句は、子ども自身が選ぶに限る。子どもならではのセンスある語句が選ばれ、それを調べることで辞書を使う習慣も身に付く。教室に毎時間1枚紙を貼るだけで、辞書は使うし語彙は増えるという仕組み。

子どものものさしで語句を選ぶ

　輪番で、毎日1人が黒板の片隅に「今日の一語」なるものを貼る。選ぶ基準は、卑猥でなく義務教育上よろしいものであればOK。おもしろい語感であったり、まったく意味がわからない語句であったりするほど選ばれやすい傾向がある。選ばれた語句は、その時間に使うノートの片隅に全員が書くようにする。年間100語以上の語彙が自然と増えることになる。

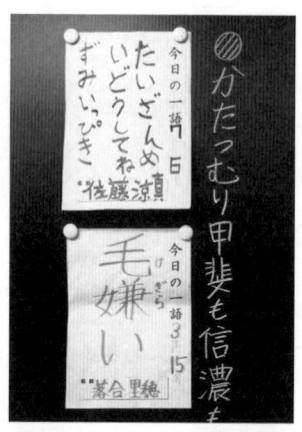

　小学校であれば、学級掲示物の1つとしても使うことができる。右は小学校勤務時の写真だが、「トーチカ」「三途の川」「ふとっぱら」がその日の一語として選ばれている。ポイントはふりがなを付けるか、ALL平仮名にすることである。

いつかの自習課題にするために

　子どもたちが選んだ語句には何とも言えない味があるので、教師もそれをメモすることをおすすめする。メモした言葉が数年後の自習課題で使える。「なんじゃこりゃ？」という語が満載の自習課題が配られると、その後は黙々と辞書を調べる姿がみられる。

解くよりつくる、で文法の定着度アップ

文法問題は正答率に差が生じやすい。同じような問題を同じように間違うことも多い。例えば、修飾／被修飾の問題は、小学生のときから苦手意識が強い子どもが多い。苦手に直球で挑むよりも変化球で挑むのはいかが？

とにかく「簡単なやつ」頼みますよ

授業時数が削減されて以降、文法事項の演習時間は右肩下がりになっている。ただワークの問題をやるだけでは定着しない。

そこで、少し大きめの付箋に各自で学習したことに基づき問題をつくらせる。ワークの問題をベースにしてもいいし、オリジナルな問題でもいい。同時に「答え」と「解説」もつくる。みんなができたら、小グループで問題を回しながらノートに解いていく。一周  したら今度は答えと解説を回して答え合わせ。

ポイントは１つ。問題のレベルをなるべく簡単なものにさせること。簡単な問題にすると悪問は一気に減る。良問で○がたくさんつくような問題演習は効果的。つくる側も理解していないとつくれないので一石二鳥。

全部終わったら、それをＡ３の紙に貼らせる。付箋は、貼るのにテープなどがいらないので時間がかからない。おさらい用として全員分の問題を定期試験前に配布すると、単なる問題集よりよっぽど熱心に取り組む。間違いがあってはいけないので、教員側もひと通り目を通す。そのときに問題の質もそうだが、解説に注目。解説はその子の理解の鏡。さらに裏技として、この問題の中から形を変えて、定期試験に出すのも効果的だ。

「鳩ぽっぽ」に合わせて助動詞をマスター

人間が記憶できる数は７±２だそうで、一瞬で覚えられるのは最高でも９。ところが、その倍の18個もある「助動詞」を一気に覚えられる魔法の曲がある。（「助動詞の唄」yoshida shigeru 氏作成、http://num.to/2087-4856-5850）

「鳩ぽっぽ」の曲に合わせて

　授業時数の関係もあり、あまり時間のかけられない文法指導に悩む先生は多いことだろう。特に、助動詞については、なかなか定着しないので悩みも大きい。

　そんなときにおすすめなのが、上記の「助動詞の唄」である。助動詞18個（せる、させる、れる、られる、たい、ない、らしい、そうだ、ようだ、です、ます、た、だ、よ、う、よう、まい、たがる）が、「鳩ぽっぽ」の曲に合わせて覚えられるから不思議。「耳に残る」という表現がぴったりだ。

　「助動詞の唄」は、まず範読のように一度流れる。その後一緒に読むバージョンがあり、最後は少し速度を落として音量も弱めの確認バージョンがある。これがセットになって、時間的には１分ちょっとなのである。

定着までの階段をイメージさせる

　何かを定着させるためには　①知る、②わかる、③できる、の三段階が必要である。教える側もそうだが、学ぶ側も自分がどのあたりにいるかイメージできると学習意欲にもつながる。

　この曲を通して、まず助動詞が18個あることを知る。そして、それがどのような意味や働きをもっているかということを理解させたい。それが②や③へつながる一歩となる。

3人寄れば文法の知恵

　文法は、理解の差が生じやすい分野である。だからこそ、1人でやるより数人でやるのがいいのだ。たった1枚の新聞紙を使うだけで、文法の知識がよりしっかり定着する方法がある。いろいろな場面で活用できる。

新聞見開きから動詞探し

　例えば、動詞の活用を授業で扱った後、3人組で10分間、新聞紙見開きから動詞を探す活動を行う。

　動詞を見つけたら、赤のマーカーでチェックしていく(いろいろと実験した結果、赤のマーカーが一番目立つことがわかった)。やっていく中で迷うものが出てきても、3人で相談することでより理解が深まる機会になる。

　他にも、主語を探すバージョンや、助動詞の「れる・られる」を探すバージョンなど、活用の幅はかなり広い。見つけた後は、ノートに書き出すパターンや黒板に書かせるパターンなどがある。

　今は、新聞をとっていない家庭も少なくないので、新聞に触れる機会を授業の中で設けることは、国語科としてぜひやっていきたいことの1つでもある。

なぜ3人組がおすすめなのか？

　意外と知られていないが、新聞紙見開きはA1サイズである。この広い紙面の中から、目的の品詞を1人で拾っていくのにはやはり限度があり、3人がちょうどよい。また、何か相談することが出てきたときにも、3人なら気軽にできて、よい知恵も出てくるというもの。ああでもないこうでもないと言いながら探すうちに、生きた文法の知識が得られるのだ。

「文の成分」はマーカーで色分け

　小さな男の子は、特撮戦隊モノが好きだ。なんとかレンジャー系である。一方、少し大きくなった男の子は、文法モノが嫌いだ。そんな男の子心をくすぐりながら、文法の基礎になる「文の成分」を指導しよう。

あなたは何色レンジャー？

　特撮戦隊ものの歴史は意外と長く、40年弱になる。だいたいが、赤・青・黄・緑・桃の5人だ。たまたま「文の成分」も5種類。ちょうど数が合うのだ。そこでこんなふうに色分けしてみよう。

①主　語…【赤レンジャー】
②述　語…【青レンジャー】
③修飾語…【黄レンジャー】
④接続語…【緑レンジャー】
⑤独立語…【桃レンジャー】

※マーカー（蛍光ペン）が、ベスト。ボールペンでやる子がいるが、視覚的にわかりづらいので×とする。

　正直なところ、「文の成分」では、「主語－述語の関係」と「修飾－被修飾の関係」がわかるようになればいいと思う。理解不足＆誤答率のトップ2だ。ちょびっとずつ、続けてやること。これが、定着の最大のポイントとなる（文法指導の最大の弱点は、集中してちょびっとしかやらないこと）。

　配布プリントの端っこに、文の成分の問題を9ポイント（約3㎜で、ぴったりマーカーの幅になる）でちょこっと載せるのもコツ。

　例えば、「夜空にある小さな星をぼくは遠くから眺めた。」なんて問題を載せる。ものの数秒で終わる。間違っても痛手は小さい。ものの数十秒で○つけが終わる。プリントの片隅がちょっと色づいて、無機質からも卒業。

敬語の勉強はたし算

　日本人なら、ある程度日本語を話せるが、弱点や苦手となる筆頭家老が「敬語」ではないだろうか。特に、若い先生で敬語百点満点の自身がある先生は絶滅的に少ないのではないだろうか。そんなときは Let's go to 文化庁 HP。

「○○先生、職員室におらっしゃいますか？」

　答えは、「おらっしゃいません」。中学生ぐらいになると、敬語に対する意識が芽生え始める。少しずつ敬語を使うようになるが、上記のように、失敗や間違いが多発する時期でもある。

　教える側の教師は、もちろん敬語がある程度はわかっている。その"ある程度"を次のレベルに上げるために役立つのが、文化庁の敬語 HP である。
文化庁 HP　敬語おもしろ相談室─新社会人のための敬語の使い方指南
　　　　http://num.to/7024-6144-5448
　動画とともに、間違えやすい敬語のパターンが紹介されている。授業で使うことも、もちろんできる。動画を見た後に、下部に理解度をチェックするものもあり、至れり尽くせりの HP である。解説文は、理解の一助となるだろう。

敬語の勉強はたし算

　敬語のレベルアップには、毎年の長期休暇等に、教師自身が敬語の本を1冊読むのも手である。敬語の勉強はたし算なので、やればやるほど◎だ。
　また、「敬語力検定」（http://num.to/2344-8791-8921）なるものも、受けることができる。これは、文化庁はまったく関係はないが、自分の敬語力が何級か知るにはもってこい。HP 上ですぐ受けられる点もおすすめだ。

音読アラカルト

　教科書を読ませる場合、グループで丸読みで一文ずつ行う場合が多い。しかし、小説などは作品によってはかなり短文な場合もある。丸読みにすることで逆にブツ切れてしまうこともある。たかが音読、されど音読である。

谷崎潤一郎ではあるまいし

　教科書の改訂ごとに、文章が読みやすいものに変わってきている。谷崎潤一郎のようにかなり長い文もそれほどない。そう考えると、単なる丸読みでは意外ともの足りない。

　そこで登場するのが「二文音読」である。二文読み終わったら次の子と交代すると、ブツブツと切れない分、音読の時間が一文ずつ行うよりも少し早く終わる。文章にもよるが、だいたい２行程度音読することになる。そうすることで、その子の読む力の把握や改善点が少しずつみえてくる。

　また、範読後に音読を行うのが一般的だが、初見の文章で音読練習をするのも時々あっていい。もってこいなのが、新聞等のコラムである。内容もおもしろいが、短い文章なのでちょっとした時間に音読する時間を設けてみる。少し難易度は高いが、時間を計って読んでみると、成長のものさしにもなり得る。入試でもはじめて見る文章を読むわけだから、範読の後に音読するばかりではちょっと心許ない。やってみる価値のある方法だ。

古文は句読点読みが効果的

　逆に古文は句読点で交代する読みが効果的だ。古文は、現代文以上に意味が取りにくいが、その反面、句読点が多く使われているので、短く読める。もちろん全体を読む力も必要だが、短く読む中で語句の意味や動作の主を理解することも、古文の中では大事な力になってくる。

陸上競技だって、追い読みだって

詩歌や古文などを追い読み（教師の範読後に同じところを子どもに音読させる）をすると、意外と子どもの声はか細い。いい意味で図太い音読をさせるための秘策が2つある。陸上競技からヒントを得た方法である。

秒数の問題

夏草や / 兵どもが / ゆめの跡 / 芭蕉
　　　　A　　　　　B　　　　C

例として「おくのほそ道（平泉）」で松尾芭蕉の句を追い読みする。教師「なつくさや」生徒「なつくさや」というふうに読ませていく（区切りは／の部分。教師が読み終わった後生徒が読むまでの間がA〜Cである）。声が小さい最大の原因は、A〜Cの微妙な間である。そこで、間を何秒と指定すると声がそろう。私は陸上競技の「位置についてヨーイ／ドン」の間にちなんで0.7秒と伝えている。具体的に伝えるからこそ声がそろい、大きな声も出るのだ。

トップランナーの把握

追い読みは、教師が読んだ後にすぐ読むのでほぼ間違えない。だからこそ、追い読みの上手な子どもを把握することが、小さいことながら実は大きなポイントなのだ。陸上競技でも音読でも、トップランナーがカギなのだ。

各クラス、声が大きくて間のタイミングがよい子が1割ぐらいいる。40人学級ならば4人ぐらい。こういう子を年度はじめに、把握、評価、支援すると、学級全体に波及し、声も大きくなる。勉強が苦手でも、一生懸命声を出し、トップランナーに該当する子もいる。そういう子こそ、ぜひ大事にしていきたい。

18 悪い一寸法師をやっつけろ！

　机の上のことについて書かれている書物は多い。しかし、机の下の様子について書かれた本は、ほぼ皆無。だけど、机の下にはその子の状況が如実に出る。悪い姿勢には、よくない悪い一寸法師が関係している。

あなたの椅子には、何人一寸法師がいるのかな？

　人間、お行儀良く、悪いことはできない。
　人間、お行儀悪く、良いことはできない。
　お行儀が、１つの授業規律のポイントだ。だからと言って、あらゆることを聖人君子のようにやりなさいというのも、無理な話だろう。そこで、「椅子に、きちんと座れているか」という１点にポイントをしぼって意識させる。

　このポイントでつぶさに子どもを観察すると発見がある。筋力の問題なのか、育ちなのか、時代なのかわからないが、椅子に深く腰掛けない子が増えている。デレッと座る子が多い（きちんと背筋を伸ばしたつっぱり君＆つっぱり少女は見たことがない）。一見すると普通に見える子も、右の写真のように背もたれから３cm程離れたところにお尻がある場合が多い。

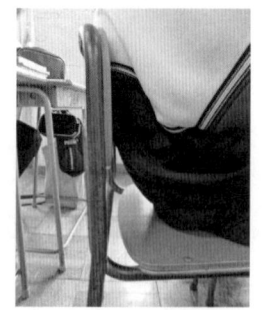

どれだけ浅く座っているかを、一寸法師に例えて指導してみる

　一寸法師の一寸は、約３cmだ。一寸法師何人分浅く腰掛けているか、お隣同士で、確認してみるのがおもしろい。自分では、意外とどんなふうに座っているかなんてわからない。悪い一寸法師は、お尻でつぶしてしまおう。「いっすん」は、「ちょっと」とも読む。ちょっとのことで、集中力は全然変わってくる。

立ち読みは、教室でも短時間で…

　音読のバリエーションは意外と多い。小学校では結構幅広くやるが、中学校ではバリエーションが狭い。無理にやる必要はないが、遊び心をもって音読する時間が、たまにはあってもいい。午後の授業で特に効果的。

One for All, All for One

　1人だけ立たされて読むのは、やはりハードルが高い。それならいっそ、みんなで立って読もうという話。

　右の写真を見ていただくとわかると思うが、上履きを脱いで椅子の上に立ち、小グループで音読をしている。

　やってみると気が付く。高いところで音読すると、

①姿勢が自然とよくなる
②教科書をしっかりもつ
③高いので気持ちが高揚

などの効果がある。

　ただ、長時間は疲れてしまうので、古文の音読あたりがもってこい。音読もみんなでやれば怖くない。

100字よりもちょっと深い「140字作文」

140の後につく単位は、㎝でも ha でもなく、moji。限られた時間の中で子どもたちに何かを書かせる活動は継続して行いたいもの。Twitter でもおなじみの140字を、作文の1つのフレームにしてみたい。

100字よりも深く、200字よりも浅く

授業中に何かについて書かせるときには 文章の量と使える時間を考える必要がある。経験則で言うと、100文字3分の感覚がある。ただ、100文字では少し内容が薄くなってしまう。内容が薄くならないで書ける最低限度の文字数を考えているときに出会ったのが Twitter だ。投稿文字数が140字に制限されているがゆえに、書く工夫も求められる。

右のような20文字×7行＝140文字の原稿用紙を使う。細かなルールを設ける必要はないので、以下の2点だけ徹底する。

①改行はしない
②5分で提出

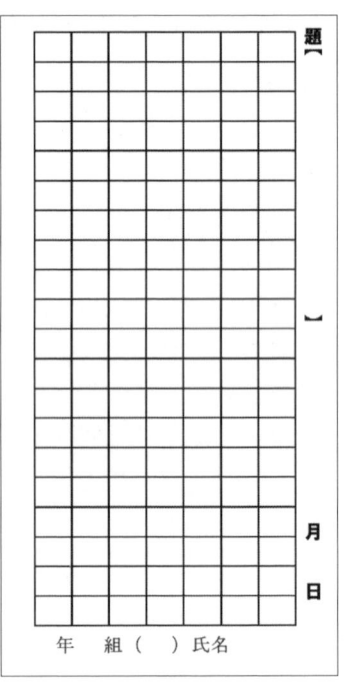

Twitter 同様、書く方（子ども）のハードルも低いが、読む方（先生）のハードルも低い。子ども同士が書いたものを交換して読むのにもちょうどいいのが140字だ。書く力はやはり量と回数に比例するので、継続して行いたい。

「オノマトペ作文」で違いのわかる人間に

「音」が入るだけで俳句や詩歌はグッとよくなる。音や状態を表す「オノマトペ」については、指導回数が少なく、あまり効果的に使えない生徒が多い。俳句、短歌、詩や作文の授業では、オノマトペにこだわって。

犬の鳴き声だってこれだけ違う

日本の子どもだったら、犬の鳴き声を尋ねると「ワンワン(wanwan)」と答えるだろう。犬のことを「ワンワン」と言うぐらいだから。

ところが、国が変われば鳴き声も変わる。英語だと「bow wow」と鳴く。ポーランド語では「hau hau」、インドネシア語にいたっては「gong gong」と鳴く。こんな話をしてから、オノマトペの世界に誘うのはどうだろうか？ 私たちの耳に聞こえる音がすべてではないことを知ってからオノマトペを学ぶと、使い方にも違いが出てくるだろう。

参考HP　世界の動物なんて鳴く？　sounds of the world's animals
　　　　http://num.to/7291-2426-7460

違いのわかる人間になろう、の巻

「ばりばり」と「ぱりぱり」の違いを、考えさせたりするのもおもしろい。ばりばり食べる食べ物と、ぱりぱり食べる食べ物を発表させると、語感の差や使い方が共有される。

また、今ではあまり使われなくなったオノマトペを紹介する。そのオノマトペを使って短作文をつくり、各班内で代表を決めるのだ。例えば「とんてんかん」という言葉を使って短文をつくり、種明かし。とんてんかんが金槌にまつわる音だと知ると、技術の時間に「とんてんかん」と叫ぶ子も出るかもしれない。使わなければ残らない言葉もたくさんある。

文末同型病の治療法

　作文が苦手な子は、別の角度から考えると正直な子なのかもしれない。出来事をただ順に並べる作文からの卒業のヒントは「時制」にあり。正直者だから過去のことは過去に書く。過去と現在と未来が、世の中にはある。

過去のことを現在形で書く

　英語俳句では、その瞬間をカメラのように切りとることに力点が置かれているので、過去形ではなく現在形で書かれることが多い。もちろん、日本語の俳句でも過去のことを現在形で書くことがある。

文末同型病の治療法

　作文が苦手な子の大きな特徴は次の2点である。

> ①文末が同じ型になりがち
> ②出来事を順番通りに並べる

　②については、小学校で学習する「わらぐつの中の神様」や中学校で学習する「少年の日の思い出」「故郷」など、現在と過去が混ざるパターンを学習することで少しは改善が図られる。

　しかし、①の文末同型病は意外と治療が難しい。そこで、思い切って作文の山場や印象深いところで、文末を過去形と現在形で交互に書く方法をとらせてみる。一瞬不思議な感覚に陥るが、過去形―現在形―過去形―現在形…と書いていくと、臨場感あふれる文章になることが多い。どこでも使えばいいものではなく、ここぞというときの切り札に。「…でした」「…がありました」「…だと思いました」が続く作文は、書く方も読む方も地獄。

「木」を追う作文

書くために、「木」を見る実践。学校にはいろいろな木が植わっている。その中から、この1年で追い続ける木を1本決め、春夏秋冬、季節の変わり目にどのように変化したか書く。ポイントは、変化の多い木を選ぶこと。

この木なんの木、気になる木

　変化がないことを書くのには、技術を要する。逆に言うと、変化があるものは、比較的書きやすい。

　そこでおすすめなのが、この「木」を追う作文。学校内にある木を1本決めて、その変化を春夏秋冬の季節の変わり目に書かせるのだ。一番無難なのは、花はもちろん、葉も変化に富む桜である。だが、校地内は意外と変化する（＝変化がわかる）木が多くある。理科の先生の協力も仰いで、年度当初に、生徒一人ひとり自分の「1本の木」を決めてみてはどうだろうか。

　この実践を通して、変化に対する敏感さや繊細さとともに、作文力や四季の変化を愛でる心もはぐくむことができる。春夏秋冬の変化を1ページに綴った作文は、とても素敵だ。

数字の表記にこだわる

　縦書きは漢数字、横書きは算用数字が原則だが、実はそれ以外にも数字にまつわる話はいろいろある。近年、縦書きの文章で算用数字を使っているものも世の中にはあるが、国語の授業では原点を教えたい。

縦書きの場合は漢数字を徹底

　中学校の9教科のうち、縦書きで文章を書くのは国語1教科だけだ。それ以外の教科では、授業中の多くは算用数字を使う。この点がまず盲点である。国語の先生は当たり前に漢数字を使うが、子どもにとって縦書きで書くのは普通ではないことになりつつある。携帯のメールも横書きであるなど、日常においても、縦書きは少しずつ領地が減ってきている。

　だが、そうは言ってもゼロになることはないだろう。横書きの原稿用紙もあるが、やはり小学校・中学校で使われる原稿用紙は縦書き。高校入試の国語も全国的に見ると縦書きが主流だ。

　いずれにしても、漢数字を使う場面はとても少ない。だからこそ、義務教育中に縦書きの場合は漢数字を使うことをきちんと教えたい。国の数字が滅ぶ日が来てはならないと思う。

「大字」やローマ数字も

　結婚式の祝儀やお葬式の香典では、漢数字は漢数字でも「大字」と呼ばれるものがある。壱弐参肆伍陸漆捌玖拾（いちにさんしごろくしちはちきゅうじゅう）は、一二三四五六七八九十を書き換えられないために、お金にかかわる改まった場合に使われる。こういったことを、ちょこっと生徒に教えるのもよいだろう。

　あわせて、ローマ数字Ⅰ Ⅱ Ⅲ Ⅳ（1 2 3 4） Ⅴ Ⅵ Ⅶ Ⅷ Ⅸ Ⅹ（5 6 7 8 9 10）も紹介するとおもしろい。ゲーム等によく使われるローマ数字には子どもも興味をもつだろう。

◯音の言葉を探せ！

辞書の用途は本当に幅が広い。いいのか悪いのかわからないが、私の教え子は、よく辞書を壊す（使いすぎると、辞書は壊れるのだ）。遊び心をもって、3年間で1冊ぐらい辞書を（結果として）壊してみよう。

辞書をめくるページの音に包まれて

授業の中で、すき間時間が発生するときがある。予想以上に進んでしまったり、ここで区切ると中途半端になる、というときだ。

そんなときは、辞書で遊んでみよう。うってつけの活動がこれ。

「『◯音』の言葉を辞書から探し、ノートに書きとめよう」

※◯には数字が入る

例えば、5音で「意味がユニーク」「これはだれも知らないはず」という言葉を辞書の中から探させる。

見つけられたら、ノートの片隅に書くように指示する（時間は、長くて5分ぐらいが目安）。上のように縛りをかけると、出てくる言葉は普段は使わないようなものばかりになる。

ちなみに、音数を数えるとき、以下のように決めておくと混乱しない。

・小さな「ゃ」「ゅ」「ょ」系は、前とくっついて1音
・小さな「っ」だけは、これだけで1音
・伸ばす「ー」は、これだけで1音

使ってこその言葉

ノートの片隅に書きためられた言葉は、作文を書くときの武器となる。例えば、「今日は、その中で気に入ったものを1つ使ってみよう」と指示する。普段使わない言葉を意図的に使う場面となる。使ってこその言葉である。

26 辞書
ダレた空気を吹き飛ばす「辞書速引き選手権」

　教室に、何となくダレた空気が流れる時間がある。連休後の週はじめであったり、体育の長距離走やプールの後であったり…。辞書を使って、短く、速い活動を入れると、そんな重たい空気が空に羽ばたいて消えてゆく。

だれでもできることを、すばやく

　やり方は本当に簡単。以下の①～⑤の手順。

> ①机上に辞書を準備する
> ②教師が調べる単語を言う
> ③発見→挙手＆「はい」の声
> ④教師が順位を言っていく（目を合わせる）
> ⑤１位だった子が意味を読み上げる

　文法の品詞分解や数学の証明問題だと石像になってしまう子もいるが、辞書はどこかに答えが載っているので宝探し感覚。もちろん、意味調べが苦手な子（五十音や辞書の語順の理解不足など）もいるが、フォローを入れれば大丈夫。私は全員見つけるまで待たない。待ちすぎるとダレるので、人数の６割程度が見つけたら、そこで一度区切る（見つかってない子も、いいところまでは来ているので、継続して調べている）。栄光の１位を目指す子、友だちよりも速く見つけることを目指す子、ベスト10入りを目指す子、とにかく６割入りを目指す子など様々だ。意味を知ることは知識欲獲得の一番手っとり早い方法。知的な空気も流れるから、ダレた空気の一掃にも役立つ。

　フォローの仕方はいろいろありぎてここでは書けないが、苦手な子が調べてよかったと思えることが、すべてのフォローだと考えれば間違いない。

27 「辞書ゴンクエスト」で楽しく語彙力アップ

　大昔、ドラクエを買うために学校を休むことが、社会問題になった。今も学校で本物のドラクエはできない。そこで、辞書を使ったドラゴンクエストみたいなものをやろうではないか。辞書でも遊べる子どもであってほしい。

辞書を引く→言葉を探す→言葉を発見→意味を知る→ページ数をメモする

　右のようなキャラクター（今回は、牛をモチーフにした「モウモウ」）をやっつける設定。
　辞書で意味を調べて、その言葉があった辞書のページの一の位を使って、ドラゴンクエストのようにキャラクターを倒すゲーム形式のお勉強。
　例えば、「はれがましい」という言葉を調べたら、辞書の1151ページに載っていたとする。そうすると、一の位の数字が1なので、ポイントは1点。
　「モウモウ」の絵の左下の「9」は、「はれがましい」「おりめただしい」「じびき」の一の位の合計が9以上になればあなたの勝ち、ということを示しているのだ。いろいろなパターンを考えてみよう。

対戦相手 モウモウ	一の位 ①調べる ②きちんと写す
9 計	
点 はれがましい	
点 おりめただしい	
点 じびき	

辞書指導の中で考えなければならないこと

　語彙の数は、学力の下支えになる。だからこそ、辞書を引くのが苦手な子でも楽しめる工夫は、辞書指導の中で考えなくてはいけない重要なことである。
　明日からやってみてはいかが？

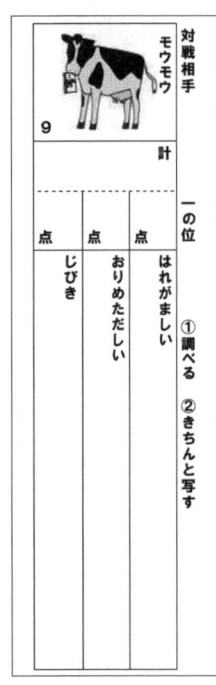

28 「辞書ダーツの旅」で楽しく意味調べ

　辞書を、ただ引く。「ただ」の部分に、変化をもたせたい。所さんの番組ではないが、辞書を使って北海道から沖縄まで旅をする勉強なんてどうだろう。意外と知られていない辞書の三段組を活用した実践。

「ある、ない」よりも、「どの段にあるのか」に興味津々

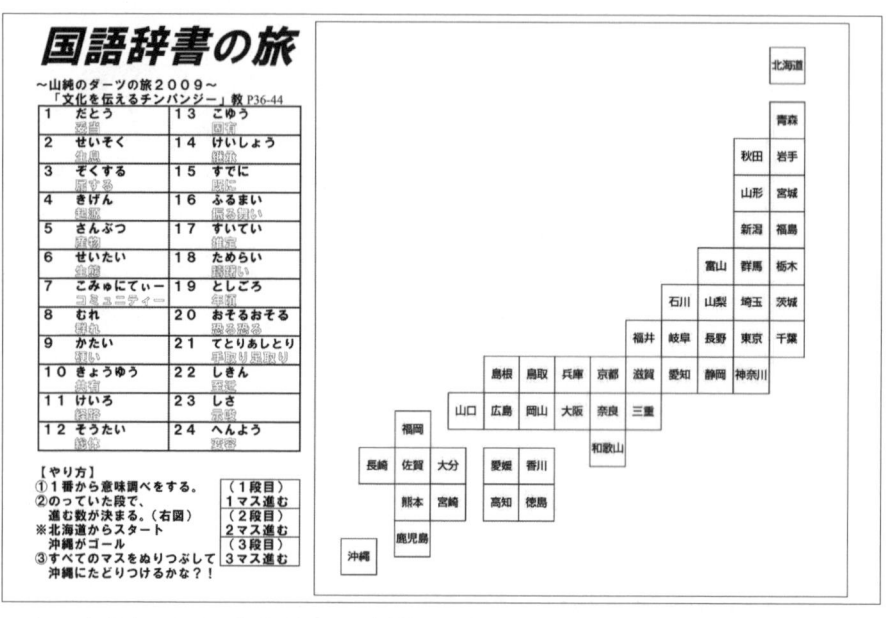

　上のようなプリントを使う。意味調べをして、北海道から沖縄に向けて、すごろくのように進む。進み方のルールは簡単だ。辞書でそれぞれの言葉の意味を調べ、辞書の何段目にその言葉があるのかにより、進む数が変わる。1段目は1つ、2段目は2つ、3段目は3つ、と至ってシンプル。

　かしこまって辞書を引くことも必要だろうが、まずは辞書に親しむことをスタートにしたい（ちなみに、載っていないと1つも進めない）。

書写 29

パソコンでつくる名前のお手本

　一生書き続ける自分の名前。書写は、基本的には同じお手本で同じ文字を書く。しかし、唯一違うのが名前だ。時代は便利になり、いろいろな書体を使うことができる。だからこそ、名前を上手に書けるように工夫をしたい。

数分の手間で、絶大な効果が出る

　１年では楷書、２年では行書、３年では多様な文字、と学習指導要領に書いてある。私は、多様な文字の１つに草書体を教えている。やってみるとわかるが、草書は平仮名や片仮名の成り立ちの勉強にもなる。

　書写の時間は、字を書いて終わりにするだけではもったいない。

　今は便利な時代で、パソコンで名前のお手本がつくれる。それも、名簿等を上手に活用すると、ものの数分で全員分の名前の手本が完成する。

　そこで、活用の効果を上げるのに役立つのが、パウチ（ラミネート加工）である。硬筆の授業でも、書道の授業でも、お手本があるのとないのとでは、意欲も効果もまったく違う。パウチしてあるので、そのまま筆箱に入れられるし、練習のため上からなぞることも可能だ。

行書体（利根川陽子）

草書体（高橋瑠美）

　時短術として、名前の文字を枠囲みしておくと、はさみで切りやすい。

　自分の名前だからこそ、愛着が湧き、やる意味も出る。ちょっとした手間だが、一度つくれば次からは簡単だ。

書写 30

マスキングテープ活用で三丁目の習字

　埼玉県では、冬に書き初めをやる。大きな画仙紙に、墨をたっぷりつけて書くのである。やんちゃな子や落ち着きがない子が教室に混在している中でやる。そこで、マスキングテープを効果的に使う方法のご紹介。

マスキングテープで迷子にならずマイホーム

　空き教室の床にマスキングテープを縦と横に引く。ちょっと長方形だが、イメージは碁盤の目。平城京のような教室。自分の活動空間が、はっきりする。

　たかがマスキングテープなのだが、自分のエリアがはっきりすると、落ち着かない子も、不思議と自分の空間でコツコツ活動をするようになる。また、やんちゃな子も、自分の縄張りの中で一生懸命やるから不思議だ。

　『三丁目の夕日』のような素朴な感じで授業が進むようになる。

　私は、場所でああだこうだとならないように、マスキングテープの上に、出席番号をちょこっと書いておく。あたかも番地のように数字が書いてあるので、支援を要する子も自分の場所がわかる。ALWAYS 困ることはない。

　自分の場所がはっきりしているので、片付け後汚れが残る率も格段に低い。

42

暗唱 31 場面の理解がさらに深まる「R暗唱（リバース）」

　暗唱。諳んじて言えることのメリットはあるが、出来不出来に差が出やすい活動でもある。特に、早く合格してしまった子への対応がポイントになる。「小さな先生（子どもが試験官）」以外の方法をご紹介。

逆から言えたら、そりゃ立派だよ

　暗唱のコツの1つに、行頭に番号を付けるという方法がある。小さなことだが、自分ができているところが、数字で把握できる。

　諳んじることのメリットはたくさんあるが、小学校でも暗唱をやるようになったので、中学校では今後、暗唱は復習的な要素をもつことになるだろう。

　右は、平家物語の最初だが、①→⑧へ暗唱するのが一般的だろう。

① 祇園精舎の鐘の声、
② 諸行無常の響きあり。
③ 沙羅双樹の花の色、
④ 盛者必衰の理をあらはす。
⑤ おごれる人も久しからず、
⑥ ただ春の夜の夢のごとし。
⑦ たけき者もつひには滅びぬ、
⑧ ひとへに風の前の塵に同じ。

A　教科書をよく見て、すらすら①から⑧まで言える
B　教科書を見ないで、すらすら①から⑧まで言える
C　**教科書を見ないで、すらすら⑧から①まで言える**

　AとBの取り組みは、全国の津々浦々で行われている。
　しかし、Cはほとんど聞いたことがないだろう。視点が逆から戻ってくることにより、より場面の理解が深まる。AとBに合格した子も、Cとなるとうっかり間違えてしまう。名づけて「R暗唱」（リバース）。一度お試しあれ。

暗唱 32

暗唱練習の安心保険

　平仮名は偉大だ。勉強が苦手な子も平仮名を見ると安心する。例えば、暗唱時に平仮名を上手に使うと、不安解消にもつながる。平仮名は、安心を得る保険なのだ。平仮名が、子どもの心にやる気という火をつける。

ハードルは陸上競技場以外にもある。それは、心のハードル

　右の写真は、漢詩の授業で暗唱の練習をしている場面だ。

　小さなことだが、私は暗唱のとき、右のように黒板に「ヒント平仮名」を数文字書いている。たった数文字なのだが、これを書いておくと、安心して練習することができる。子どもたちが試験官をやるときも、平仮名が書いてあるとわかりやすい。

　子どもたちの暗唱練習のスタイルは様々。

> ①耳を手でふさぐ
> ②目をつぶる
> ③少しゆれてリズムをとる
> ④拍をとり、手を動かす
> ⑤どこか「遠く」を見る

　他にも多数ある。これらの方法は、それぞれの子にどれが合うかわからない。①〜⑤をそれぞれ試させる。やってみなくちゃわかりません。やる以上は、目指せ高合格率！

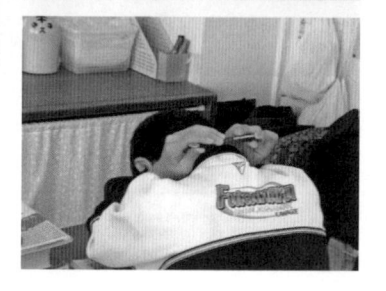

33 古文 歴史的仮名遣い指導の秘策

　歴史的仮名遣いの指導は日本中である程度同じように行われている。変化のルールを教え、教科書を読ませる。ここには「使う」視点が、あまりない。子どもは、使うことベースになると一気に理解が深まる。盲点を攻撃する。

国語辞書に載っていることを、全国345万人の中学生は意外と知らない

　私は、教へ子と一緒に俳句をやつてきたが、意外と歴史的仮名遣ひをけつこう好んで使ふことが多い。
　「この字は、歴史的仮名遣いにしたらよいのだろうか…？」というようなことで迷いがなくなれば、子どもたちも安心し、そしておもしろがって使うようになる。
　そこで、辞書を開かせてみる。
　例えば、『新明解国語辞典（第五版）』（三省堂）で「上場」という言葉を引いてみると、平仮名と漢字の間に「ジヤウヂヤウ」という歴史的仮名遣いが記載されている。
　これと同じように、多くの辞書が、平仮名の下の部分に歴史的仮名遣いを載せている。試しに、授業の中でいろいろと子どもたちに調べさせてみると、おもしろい活動になる。

授業の感想を歴史的仮名遣いで書こう

> 今日の（古文の）授業の感想を、歴史的仮名遣いで書いてみよう。

　こんな課題も、辞書が片手にあれば、簡単にできておもしろい。活動ができる条件を整備するのも教師の指導技術だ。

いろは
古文
34

紙は折れても心は折れぬ 古文暗唱プリント

　古文に苦手意識をもたせないためにも、スラスラ読める力は必要不可欠。暗唱はその手だての1つで、日本中至るところで行われているが、ちょっとした工夫で、そのハードルを下げることができる。

総ルビと折り目

　次ページのような暗唱プリントを用いる。
①の段には、歴史的仮名遣いと漢字にルビがついた本文がある。
②の段には、書き出しと途中の一部分だけ書いてある。
③は、書き出し以外は何もなし。
　そして、④で完全暗唱、という仕組みである（制限時間あり）。
　1つ目の工夫は、①の段階ですべてにルビがついている点である。総ルビだからこそ、苦手な子も取り組む気になれる。
　2つ目の工夫は、①～④の間に折り目があること。教科書を使って暗唱させようとすると、このような方法で小さなステップを踏むことはできない。しかし、紙の利点を最大限に利用するこの折り目は、暗唱の定着度ややる気に大きく貢献する。

他教科の先生の耳を借りる

　暗唱テストの合否を判断する先生役を子どもがやるという実践は広く行われているが、他教科の先生にご協力を仰ぐ実践はあまりない。しかし、他教科の先生方もご自身が子どものころに暗唱した経験がほぼ間違いなくあるので、意外と力を貸してもらいやすい。この方式を採用した結果、古文の暗唱テスト合格率が上がったのは言うまでもない。
　もちろん事前に学年団に話を通しておくこともお忘れなく。

【枕草子】清少納言　～第一段の暗唱に挑戦～

1段目

○ 春はあけぼの。 やうやう白くなりゆく山ぎは、すこしあかりて、紫だちたる雲のほそくたなびきたる。

N 夏は夜。 月のころはさらなり、やみもなほ、蛍の多く飛びちがひたる。また、ただ一つ二つなど、ほのかにうち光りて行くもをかし。雨など降るもをかし。

M 秋は夕暮れ。 夕日のさして山の端いと近うなりたるに、烏の寝どころへ行くとて、三つ四つ、二つ三つなど飛びいそぐさへあはれなり。まいて雁などのつらねたるが、いと小さく見ゆるはいとをかし。日入りはてて、風の音、虫の音など、はたいふべきにあらず。

L 冬はつとめて。 雪の降りたるはいふべきにもあらず、霜のいと白きも、またさらでもいと寒きに、火など急ぎおこして、炭もて渡るもいとつきづきし。昼になりて、ぬるくゆるびもていけば、火桶の火も白き灰がちになりてわろし。

2段目

K 春は やうやう すこし 紫 山ぎは、 たなびきたる。

J 夏は 月 また ただ ほのかに 蛍 をかし。 たる。 雨など

I 秋は 夕日 烏 二つ三つ、 飛びいそぐ まいて いと はた ず。

H 冬は 雪の 霜の また 火など 炭 昼に ぬるく 火桶 白き わろし。

G

3段目

B C D E F

4段目

A

A	B	C	D	E	F	G	H	I	J	K	L	M	N	O

【枕草子】清少納言　裏面下部　のりづけ

俳句 35 芭蕉になりきって俳句づくり

　おくのほそ道で「平泉」をやるときにもってこいなのが、「芭蕉になりきって俳句をつくる」という活動。平泉は、地名や地形の宝庫。季語を夏に定めてつくると予想以上にいいものができる。学習のまとめとしても使える。

ものや地名を俳句の中心に置くのが秘伝の技

　右の作品は、いまどきの中学生がつくったものである。

　「芭蕉になったつもりでつくってごらん」とアドバイス。季語は、基本「夏」。資料集（便覧）の俳句のページには、季語の一覧のようなコーナーがあるので活用したい。また図書館にはほこりをかぶった「歳時記」が眠っている場合も多い。眠れる獅子を起こすにはもってこいの活動だ。

　つくるときのポイントは、以下の３点。

①文章中にある地名や単語を使う
②季語は最後に選ぶ（あとづけ季語パターン）
③（できたら）歴史的仮名遣いでつくる

　雨上がり虹を眺める光堂　　陽彦
　三将のかほり残して夏の国　浩輝
　城跡のひまわり一つ空の下　元樹
　夏の空歴史を語る一ページ　玲緒
　平泉歴史を歌ふ雲雀かな　　実絵子
　兵の夢なぐさめる夏の雨　　崇真

　無記名で投票させてもおもしろい。「芭蕉賞」「曾良賞」などを用意してもいい。

※俳句づくりについては、拙著『クラスがまとまるチョッといい俳句の使い方』（学事出版）をご参照いただければうれしい限りである。

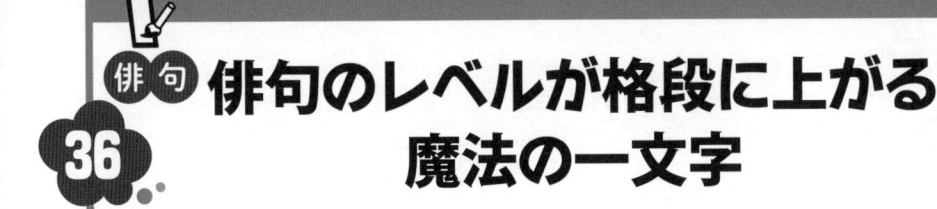

36 俳句 俳句のレベルが格段に上がる魔法の一文字

あまり教えたくはないのだが、このページまで読んでくださった御礼に、俳句の秘伝のつくり方を伝授。平仮名の「の」を上手に配置するだけで、格段にレベルがあがる魔法の方法だ。たった一文字、されど一文字の「の」。

不思議と、この「の」が効いてくる

俳句の学習後、俳句をつくらせる活動は今までもおなじみ。正直、子どもに丸投げでつくらせている場合も多いのではないだろうか（私も以前はそうだった）。

そこでポイントになるのが、「の」の使い方。

いろいろな俳句の型があるが、こむずかしく考えずに使えるのが、五七五の七の最後に「の」を置く方法だ。

ここに「の」を置くように俳句をつくろうとすると、ブツブツ切れた感じの俳句にはなりにくくなる。また、下五が体言になりやすくなるので、体言止めの効果もある（切れ字の「かな」で終わるパターンもある）。

イジけて地面に「の」を書くのではなく、意図的に技術（テクニック）として使う。「の」、は偉大な助詞だ。

下記は、中七「の」の入賞作品のごく一部である。

春風のささやく空**の**高さかな	亜美
少年や一人歩き**の**桜道	龍
降る雪にポインセチア**の**うす明かり	菜々
仔犬なで部屋に小春**の**においかな	渉

上五／中七 の／下五

俳句 37

思い出は書き切れないが「卒業す」

卒業カウントダウンカレンダーの数字がかなり減ってきたあたりでの実践。気持ちを五七五にする。ただし、季語は「卒業す」に限定。最後に「卒業す」を置いてつくる。なんとも味のある俳句集ができる。

卒業式が始まるまでの時間、保護者はこれを読んでいる

右のような紙（A5サイズぐらい）を卒業期（3月上旬）に配り、3年間を振り返る俳句をつくらせる。

余談だが、私は結構手書きでプリントをつくる。おみぐるしい字で恐縮だが、のちのち処分してしまうものはほとんど手書きだ。こんなところに時間をかける必要はないので、スピード優先の手書き仕事術。また、ペンはあまり使われない、茶色のプロッキーを使う。この色は印刷機で詰まる率が格段に低いのでおすすめだ。

ポイントは以下の3点。

---

①他の季語は入れず、「卒業す（5音）」は最後に
②上五中七（5音と7音と分けずに合計12音でもOK）に今の気持ち
③卒業式のパンフレットに挟むよと伝達

また明日泣き顔かくし卒業す／青い空カーテン開けて卒業す／アルバムと風に吹かれて卒業す／桃色の風に包まれ卒業す／全員の影つながつて卒業す／さようなら歩いた道に卒業す／晴れた日に風に誘われ卒業す／思い出はポッケにしまい卒業す…

短詩だからこそ伝わるものがある。短時間で打ち込みできるのも◎。

38 短歌 最初の5文字しか書いてない百人一首一覧表

　変わらないものの強みがある。代表的なものは、百人一首だろう。500年前も500年後も変わらない。こういう息の長い教材を生かさない手はない。特に歴史的仮名遣いの勉強になる。

教室掲示物がもたらす恩恵

　右の写真は、小学校の教室側面の掲示物だ。百人一首の番号と最初の5文字を百首分書いてある。

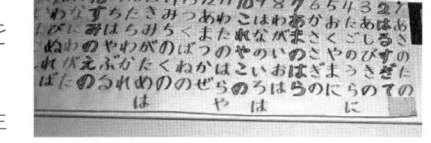

　百人一首に本腰入れたのが小学校2年生を担任しているときで、学級で毎日暗唱して1首ずつ覚えていった。当たり前だが、百人一首は、百首あるから100日で暗唱が終わる。その後は、5首ずつ暗唱させたりして定着を図っていった。

　こういった掲示物があると、子ども同士でもやるようになる。例えば「24番の百人一首は？」なんて質問を小学2年生でも発するようになる。また、1～100番まで掲示してあると、だれしも通して言いたくなるものだ。だいたい100首暗唱の目安は10分以内だが、1～100番まで暗唱した後100～1番まで逆に暗唱する強者も出てくる（三分の一ぐらいの子が100首連続暗唱合格した）。よい掲示物は、あるだけで教材になる。

暗唱はだれかに聞いてもらいたくなる

　暗唱はだれかに聞いてもらいたくなる。そこで大活躍するのが、おじいちゃん・おばあちゃんパワーだ。いつの時代も変わらない百人一首だからこそ、いろいろな人から力を貸してもらえるのだ。

短歌 39 短歌のお題で発想力トレーニング

　インターネット上の短歌の世界には、おもしろいものがある。その１つが、「題詠blog」だ。お題が100個あり、それについて短歌を一首（または、俳句を一句）詠むのだが、これは違うことにも活用できるおもしろい企画だ。

10年以上続いたからには、やっぱりいいものなのだろう

　題詠blog2014　http://num.to/2288-3885-6053
　2003年から始まったもので、100個お題が出題される。もう10年以上も続いている人気の企画である。
　下記は、2014年のお題のうち、１～50までである。

001：咲	002：飲	003：育	004：瓶	005：返事
006：員	007：快	008：原	009：いずれ	010：倒
011：錆	012：延	013：実	014：壇	015：艶
016：捜	017：サービス	018：援	019：妹	020：央
021：折	022：関東	023：保	024：維	025：がっかり
026：応	027：炎	028：塗	029：スープ	030：噴
031：栗	032：叩	033：連絡	034：由	035：因
036：ふわり	037：宴	038：華	039：鮭	040：跡
041：一生	042：尊	043：ヤフー	044：発	045：桑
046：賛	047：持	048：センター	049：岬	050：頻

　中には難しいものもあるが、結構おもしろい題ばかりである。
　この題を使って、小さな話し合いをさせてもよし。夏休みの宿題で、その字や言葉が使われている日記を書かせてもよし。実際に、短歌や俳句をつくらせてもよし。くじ引きで引いた題で、短作文を書くのもよし。逆に、お題を100個つくらせるのもよし。発想力のトレーニングに、もってこいだ。

読書 40

図書室通いが増える往復切符

　図書室へあまり行かない子どもがいる。無理に行かせる必要はないが、ちょっと行ってみるきっかけがあってもいい。図書室青春18切符のような便利な切符があれば、好きな子をひとりでも増やすことが可能かも知れない。

旅は道連れ、場所は図書室

　学期ごとに使う国語科評価カードに右のようなコーナーを設ける。

> 本を1冊借りたら○をぬろう
> **図書室5○往復切符**　○○○○○←色をぬる

　使い方はシンプルだ。学校の図書室で本を1冊借りたら、その○を色鉛筆or色ペンでぬるだけ。学期の途中に1～2回（忘れたころがベスト）、どれぐらいぬれたか挙手で聞いてみるといい。意外な子が多く、意外な子が少ない。そして、意外な子をほめることがポイントである。この○が、図書室へちょっと行って本を借りて帰ろうと思わせる往復切符となる。よく観察してみると、図書室へあまり行かない子は、1人では行かず、だれかを誘って行くことが多い。そうすると1人が行こうと思うと、だれかがいい意味で道連れになる。実際にこの方法を採用してから、意外な子たちが図書室へ向かう姿をよく目にするようになった。

教師が欲を出さない

　図書室へ行ってみようと思わせる工夫はあってもいいが、無理に図書室へ行って本を読ませる必要はない。ところが、こういう方法がうまくいくと、つい○の数を増やしたりしがち。これがよくない結果を招くことになる。最初のハードルはとにかく低く、手の届きそうなものにするのが鉄則。5つの○ぐらいがちょうどよい。まずは、0を1にするぐらいの心持ちでいこう。

読書 41 朝読書に小学校用国語辞書

　小学校で使う辞書にはここでは書ききれないぐらいの工夫と豆知識が詰まっている。辞書の「あ」〜「ん」の本丸部分以外にも、なるほどと思う情報が満載。そこで、小学校で使っていた辞書を朝読書で読む裏技をご紹介。

ハリーポッターよりもページ数のある分厚い本＝小学校用国語辞書

　朝読書の時間はだいたいが10分である。基本となる四原則は「①みんなでやる」「②毎日やる」「③好きな本でよい」「④ただ読むだけ」である。
　ポイントになるのが③である。物語や小説を少しずつ読む朝読書の時間も捨てがたいが、そういう本が苦手な子も少なからずいる。そういうタイプの子は、意外と豆知識やなるほど率の高い本なら読む傾向がある。
　そこでおすすめなのが小学校で使っていた国語辞書である。もちろん、小学校で通読している子は、ほぼいない。最初から最後まで少しずつ読んでいくと、大人が読んでも感心するようなコラムなどが随所にある。小学校用辞書の最大の強みは、ふりがなが付いていることである。本を読むのが苦手な子は、漢字が読めない場合が多い。その点でも、小学校用国語辞書は最強だ。総ルビの辞書も多いので、読めない字はなく、意外と続けて読み進めていくことができる。

小学生が理解しやすいように書かれた文章には工夫がいっぱい

　小学校用国語辞書は、近年各社が力を入れてつくっている。辞書の内容はもちろん、巻末に使いやすい記事が載っていたりもする。また難しいところには理解を助けるイラストも多々ある。通読したら「通読賞」なるものをあげると励みにもなるだろう。小学生が使う辞書だからといって馬鹿にはできない、優れた1冊である。

42 読書 ドラマの力、スポーツの力で角度を変えた読書指導

　親子三代の本嫌いの子を、本好きにするには一筋縄ではいかない。男子と女子の読む本の質も中学生段階では差があるように思う。そこで、読書と縁遠い子にどのようなアプローチをするかのヒントをご紹介。

映像化された作品（女子編）

　近年、本が映画やドラマの原作になるケースが多い。お年頃の女子はドラマ情報には、かなり詳しく興味関心も高い。だからこそ映画やドラマを観るだけではもったいないので、ぜひ関連図書を紹介したい。図書室のカウンターあたりに右のようなコーナーを設けると、女子は食い入るように本を探すようになる。原作との差を感じながら読むのも、1つの手である。

今も昔もスポーツもの（男子編）

　女子以上に牙城が固いのが男子だ。まったく本を読まない子も女子と比較すると格段に多い。その牙城を崩す秘策がスポーツ本である。ここ数年、有名スポーツ選手のいい本が多数出ている。長谷部誠の『心を整える』などがそのいい例だ。部活と関連したスポーツ本をぜひ図書室に用意したい。同じ競技であるがゆえに、すんなりと読書につながる可能性が高いのでオススメの作戦である。男子は1人で図書室に来る率が低いので、1人が手にとると相棒も本を借りることが多い。一石二鳥のスポーツ本大作戦は効果がある。

1枚の「読書案内」と「ぶ（本）つ」「ぶ（本）つ」交換

読書 43

　朝読書の広がりとともに、机の中に本がある子が以前とは比較できないぐらい増えた。一方、モノグサが原因で、同じ本をずっと読む子も意外と多い。（繰り返し読むのも悪いことではないが）読書の幅を広げる方法。

１枚の「読書案内」

　時折、朝読書の時間に、子どもたち全員が読んでいる本をデジカメで撮影していく。そのときに、担任の本もこっそり撮っておくというのが、ポイントだ（だれの本か予想する場づくり）。

　その画像をランダムに並べていって、１枚の「読書案内」をつくる。国語の時間で活用してもいいし、学級通信の裏を使って「お子さんは、どの本を読んでいるか当てるクイズ」にしてもいい。懇談会で使うのも、とてもよい方法だ。

※「読書案内」に、本の持ち主の名前を入れる効果と入れない効果、両方ある。

「ぶ（本）つ」「ぶ（本）つ」交換

　また、この「読書案内」をきっかけとして、読み終わった本を交換することを子どもたちに促してみる。

　同じ本を読むと、何となく人間的に近くなったと感じたり、つながっているという感覚が生まれる。巷で、「読書会」が流行っている理由もここにあるのだろう。

　この原始的な「ぶ（本）つ」「ぶ（本）つ」交換を通して、読書の幅や楽しさを数倍広げていきたい。

読書 44

国語教師は本のソムリエ

　小料理屋に行っても「おすすめ」という表示に弱い。「おすすめ」の文字の裏には、すすめるだけの理由、条件、想いなどが隠れているからだ。おすすめの本をどれだけもっているか。国語教師の腕が問われる部分である。

朝読書の様子を撮影してみる

　朝読書の普及により、以前より学校で本を読む機会は増えている。でも、本のジャンルが偏っていたり、同じような本をくり返し読んでいたりする子も意外と多い。学級担任だったら、朝読書で読んでいる本を机の片隅に置いてもらい、デジカメでパシャリパシャリと撮ってみよう。子どもの読書の傾向がつかめる。学年全体でやってみると、読書傾向がわかる。

子どもの読書の幅を広げるために

　読書の幅を広げるために、国語教師が一役買っていきたい。
　以下のようなものには、よい本の情報が詰まっている。

---

①『ダ・ヴィンチ』などの本を紹介する雑誌
②新聞社の書評欄（日曜日の場合が多い）
③書評サイト（BOOK asahi.com／bookvinegar／読書メーター など）
④本屋さんの手書きのポップ
⑤学校図書館に携わる司書の先生との会話

　その子に合った本を紹介できるか否かは、国語の先生の読書量にかかっている。よい本をすすめるのは、カウンセリング的な効果も大きい。
　本を読む。それは、多忙感に包まれている教師自身を変える薬にもなる。

読書 45

「夏の100冊」活用で子どもの読書の幅を広げる

　朝読書が定着している学校も多くなった。しかし、同じ本だけ繰り返し読む子もいる。そこで、読書の幅を広げるために、各出版社が夏に発行している「夏の100冊」なる冊子を活用してみてはどうだろうか。

無料ながら効果大の「夏の100冊」

　夏休み前に、各出版社から「夏の100冊」なるものが無料発行される。以前は分厚かったが、近年紹介する冊数を減らしつつも、その分内容が充実してきている。各出版社に申し込むと無料で送ってもらえる点も◎だ。
- 新潮文庫　　　http://100satsu.com/
- 角川文庫　　　http://www.kadokawa.co.jp/hakken/
- 集英社文庫　　http://bunko.shueisha.co.jp/

「夏の100冊」活用のポイント

①全員に配布する（毎年1冊保管）
②掲載本を計画的に全部図書館へ購入
③読了後、冊子にスタンプ（夏以降も継続）←ここがポイント

①各出版社とも工夫があり、一読以上の価値があるので、ぜひ全員に配布したい。教師が毎年1冊ずつ保管し、毎年の変化にも注目したい。
②掲載本は文庫なので比較的安い。計画的に全部準備したい。所蔵本を除くと購入する冊数は意外に少ない。ないとやはり子どもは読まない。
③冊子自体に名前を書かせ、読了した本があれば「読了印」を押してあげる。こういう企画は夏だけではもったいない。次の夏まで継続するのも手。

46 話す 机の向きなんか気にしないで、ちょこっと話そう

　LINEを使う人が3億人を突破（2013/11/10現在）。LINEの悪い部分ばかりに目が行きがちだが、LINEから得られるよい影響を国語の授業で生かしたい。それが短時間での会話。モノは試しでやってみよう。

LINEの副産物

　つぶさに観察してみると、ここのところ、授業の中での小さな話し合いが結構機能していることに気が付いた。

　いろいろな理由があると思うが、その1つにLINEがあるのかなと思っている。

　LINEは、短い会話をタイムラインに流す。ポイントは「短い」こと。特定のグループの中で、短い話が続くのである。

短い時間で短く話す

　まず教師が1つ質問をする。複数の意見が出やすい質問をするのがコツだ。

　そして、自分の意見をもたせる時間をつくる。

　その後、「ご近所と相談してみて」と短時間（ものの数十秒）で意見交換をさせる。継続的にやってみるとよくわかるが、（死語になりつつあるが…）「井戸端会議」みたいな雰囲気になっていく。

　ガッツリした話し合いの場も必要だが、きっかけ的な要素も含む「小さな話し合い」も数を多くこなすと質は上がっていく。短時間で短い会話というのが、いまどきの子に合うようで、本当に効果がある。「短い時間」で「短く話す」のである。

話す 47 なぜそこに教卓があるのか？

　ベルリンの壁が壊れたときに時代が変わった。教室も、当たり前のものを当たり前のところから動かしてみると、違った空気や文化が生まれやすくなる。例えば教卓も、いつも真ん中にある必要はない。

ときには端っこだっていいじゃない

　金八先生がしゃべるときに、目の前にある机が教卓。先生視点で考えると、ものが置ける便利さがある。
　逆に、生徒視点で考えるとあまりメリットはない。教卓の上にカゴなんて置いた日には黒板が見えづらくてしょうがない。
　映画でアメリカの大学の教室風景が流れると、教卓のようなものは教室の真ん中にはあまりない。どちらかというと、教室の端にある場合が多い。
　そこで、黒板と生徒を結ぶ線上にある教卓を横にずらすことから始めてみてはどうだろうか？！　黒板で説明するのが先生だけという時代は、ちょっと前に終わった。生徒も説明する時代に突入しているのだ。

逆に２つの教卓があるのはいかが？

　一方真逆で、教卓を２つ以上並べて万里の長城のようにしてみるという方法もある。
　ノート等に書かせて持って来させる場合には、同じ高さの教卓が並んでいると効率がよい。少子化に伴う学級減で、校内には使っていない教卓が転がっているはずだ。当たり前にあるものを有効に使うためにはどうすればよいかを考えると、今まで以上に効果的なものが登場する。まずはやってみることからスタート！

話す
48 話すことと目の使い方は切っても切れぬ縁

　何も教えないでスピーチの授業をやると、目が挙動不審な子がいる。「目は口ほどにモノを言う」とは、うまいことを言ったものだといつも感心する。話すことと目の使い方は、切っても切れぬ縁なのである。

一にゆっくり　二にゆっくり　三、四がなくて　五にゆっくり

　まずは、目を「ゆっくり」動かす。これに尽きる。目は本来かなりのスピードで動いているので、意識的に減速させるようにする。テクニックどうこう以前に、これさえできれば、問題は半分以上解決する。

　あとは、噺家さんの目の動きをよく見るのもよい訓練となる。どんなふうに目を動かしているのか教師が知り、それを噛み砕いて子どもに伝えるだけで、ぐっとよくなるだろう。落語の番組をほぼ毎週NHKでやっているので、一度録画して見てみることをおすすめする。

参考番組　NHK Eテレ「日本の話芸」
　　　　　http://num.to/0054-4021-4792

アニメに学ぶ目の使い方

　『マジンガーZ』のアルファベット、「Z」のように目を動かすのも1つの方法だ。教室をZの動きで把握。

　また、『ベルサイユのばら』のキャラクターの目の中に飛び込むような気で話す。「聞いている人の目の中に、自分が映っているか確認しよう」というアドバイスが効果的だ。

　いずれにしても、基本は「ゆっくり」だ。

聞く 49 校長講話で聞く力をアップ

　「話す・聞く」の領域は意図的に取り組まないと乏しくなりがち。そこで、定期的に取り組むのにちょうどいいのが、朝会の校長先生の話である。校長講話を、聞く力アップに使ってしまう秘策。手間いらずで効果大。

朝会で聞く耳の形が変わる

　「今日の朝会で、校長先生の話はいくつありましたか？」
と問う。最初の段階は答える数はまちまちだが、繰り返していくと、そういう意識で聞くようになり、自然と頭の中に樹形図のようなものが浮かび上がるようになる。最初の質問がきっかけとなり、とある手品師のように耳が大きくなる。

　このことの副産物は、自分たちがスピーチするときテキメンにあらわれる。生徒会長が全校の前で話す場面、部活の部長として大会前に話す場面、各委員会からの連絡をする場面…などなど、学校生活の中で子どもが話をする場面は意外と多い。そんなとき、話すこと→樹形図というイメージをもてるようになると、話のわかりやすさや無駄のなさにつながる。成功のカギは校長講話にあり。

継続は力

　朝会が終わってすぐの授業で取り組めば記憶が生きている。しかし、人間は次第に記憶が薄らいでいくものだ。時間割の関係で、授業が当日の午後や次の日になったりすると記憶の差が生じる。そう考えると、この活動は続けることが重要で、単発ではあまり意味がない。次の日や1週間後に再び聞くことも大切だ。校長先生にも協力を仰ぎながら続けていきたい。

50 聞く 質問の腕が劇的に上がる聞き方

　急に質問を促され、トンチンカンな質問をしてしまった経験はないだろうか？　後で考えると「何でそんなことを質問したのだろう…」と赤面。質問にも、ちょっとした技術がいるのだ。授業でも講演会でも活用可。

何はともあれ、まずは５つ考えてみようじゃないか

　授業の中で、「何か質問ありませんか？」と聞く。
　これで、ドカンドカンと質問が出ることは、まずない。つまり、質問するには、質問の準備が必要なのだ。
　質問にかかわる１冊の名著がある。
　齋藤孝『質問力　話し上手はここがちがう』（ちくま文庫）
　この本の中で、一番使える方法が、これだ。

> ５つ質問を考えて、その中で一番いいものを質問する。

　例えば、講演会に行ったときは、ただ聞くのではなく、５つ質問を考えるために聞く。そうすると、メモのとり方や集中力が違ってくる。
　そして、５つ以上考えた後で、１つに絞る。その１つの質問は、絞られただけあり、選抜クラスの水準の質問になる。

授業でも…

　授業でも、「今日の授業で５つ質問を考える」という課題を出してみよう。普段の授業をやるだけでいい。しかし、子どもたちは質問を５つ考えようとしている。考える過程が理解にもつながるし、質問の腕もあがる。一石二鳥の方法になるだろう。

読む 51 「簡単タイムスケジュール表」で ストーリーをまとめよう

　タイムマシンのように、過去と現在を行ったり来たり系の物語では、国語が苦手な子には「？」がたくさん出てしまう。そんなときは、簡単な時間軸の表をつくるのがおすすめ。

物語を年表のように料理する「簡単タイムスケジュール表」

　ちょっと長い物語になると、白旗をあげてしまう子がいる。そんなときは、時間軸でストーリーをまとめてしまおう。1人でやるもよし、小グループでやるもよし。過去と現在を行ったりきたりするパターンの作品などで特に効果的な手法だ。

①**右から左につくる**
教科書のページをめくる方向（＝右から左）と同じにさせる（歴史の年表を参考にすると、左から右になってしまうので要注意！）。

②**できる限り短く書かせる**
右のように、時間軸（「いつ」）に合わせて「だれが、何をする」を書き入れていく。
意外とたくさん書きたくなってしまうが、できる限り短く、端的に書くことが成功のカギなのだ。また、時間軸が難しい作品は、上段と下段に分けずに付箋でつくらせると失敗の痛手も少ない。付箋を貼り替える作業も理解を助ける。

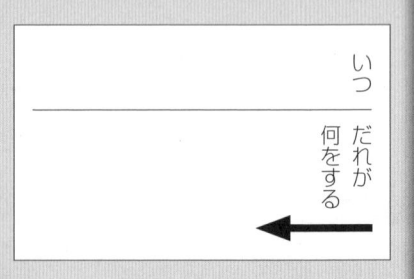

いつ	だれが何をする
	←

読む 52

物語で地図づくり

　尾崎豊の名曲に『17歳の地図』がある。教えている子は、何歳だろう？（余計な話はこのぐらいにして…）物語では、地理上の設定が、作品のポイントになっていることが多い。地図づくりが、作品の理解に役立つ。

地図の上で起こる、すべての出来事

　まず、当然のことながら、取り扱う物語が地図をつくるのに適しているかどうかを見極めることが大事である。ちなみに、地図に向いてない作品は、年表をつくるのに向いていることが多い。

　もし、その物語が地図に合うタイプだったら、ぜひ一度やってみることをおすすめしたい。まず１人でやり、その後グループで完成を目指す。他人と、まったく同じになることはまずない。同じではない部分が、ポイントでもある（模造紙を少し小さくした紙で、最初からグループでやる方法もある）。

---

①白紙でやるのが基本
　ノートにやると、罫線が意外と思考を邪魔する。そこで、Ａ４の白紙でつくらせる。白紙だからこそ描ける地図がある。

②要所から指定していく
　その物語でカギになる建物や場所がある。
　そんな物語の要所を、はじめに白紙のこのあたり…と指定すると地図づくりがうまくいく。尾崎豊は「自由」を欲しがるかもしれないが、授業の地図づくりは自由すぎると、逆にやりにくくなる。要所の選定は、教師の腕の見せどころ！

読む 53 落語の手法で範読マスターに

　大学時代、私は落語研究会に所属していた。落語は、国語の授業に役立つことが意外と多い。例えば、落語は1人で数人の人物を演じ分けるが、その手法が範読の腕を上げることにつながる。

　教材研究の段階で、その物語に登場する人物を紙に書き出す。特にセリフがある人物については、ちょっと個別に分析をしてみよう。

> **①性別**
> 女性ならば、ちょっと語尾を上げると、女らしくなる。あまりにもやりすぎると人物像が壊れるので、「ほどほど」が大事。実際に落語を聴いてみるとよくわかる。ラジオやCDがおすすめ。
>
> **②年齢**
> 年齢が高い人物は、読む速度を減速。ゆっくり感＝落ち着き、である。逆に子どものときは、少し速めに読む。兄弟によって微妙な速度の違いまで表現できたら、かなりのレベルである。
>
> **③性格**
> 性格によって読み方も当然違うが、これもやりすぎないことが肝要（やりすぎると、子どもたちがつくるイメージを壊してしまう）。短いセリフあたりで、さりげなく性格が表現できたら◎。

　登場人物の分析をしたらセリフだけ練習をする。方言の出てくる作品は範読CDを参考に練習。アクセントをマスターすれば、高いレベルで読むことができる。

読む 54

生徒の疑問点を共有する便利ツール

　文学教材の読後の疑問点を共有するのに、めちゃくちゃ便利なのが付箋。番号の書いてあるＢ４用紙と付箋、ペンがあれば、あっという間に完成する。回数を重ねるごとに完成度が上がる。番地に家を建てる感覚。

枠があれば、でき具合も提出具合も把握が簡単

　付箋の最大のいいところは、安価であるということ。ホームセンター等で安く大量に売っているので、上手に活用したい。

①Ｂ４用紙に枠をつくり、（出席）番号を振る。
　例えば、36人学級の場合は下のようになる。

1	2	3	4	5	6
7	8	9	10	11	12
13	14	15	16	17	18
19	20	21	22	23	24
25	26	27	28	29	30
31	32	33	34	35	36

②付箋を１人に１枚配布し、書き方を説明する。
③各自、課題に取り組み、疑問点を付箋に書き込む。
④書き込んだら、枠の自分の番号のところに貼りに行く。

　でき上がったものは、印刷して次の時間に配布する。
　ポイントは、付箋に書き込むとき、ペンで書かせること。薄いと印刷しても×なので、書く前に確認する。
　学級で子どもたちの考えを共有する方法として◎だ。

書く 55 赤線の下の自由な世界

ただ黒板を写すだけじゃ、写経のようでおもしろくない。また、全員が同じ板書ノートではあまり意味もない。全員が同じに書く部分と、全員が同じに書かない部分をしっかり分ける。1本の線でできる2寸(6㎝)のスペースがカギ。

スーッと引く赤線の下は、自由な世界

ノートの下から6㎝のところに、1本の赤線を毎時間引かせるようにする（これは、授業開きで教えることだ）。

この通称「下6㎝」の部分は、基本的には黒板に書いていないことを書くためのスペースなのである。

6㎝の自由な世界

例えば、
・黒板には書いてはいないが、結構重要だなと思ったこと
・資料集などを見て、「なるほど、これはおもしろい」と思ったこと
・定期テストには出ないが、人生でちょっと役立ちそうなこと

などを書かせる（ゆるいルールで運用）。

真面目なスペースでもあり、不真面目なスペースでもある。私は、関係があるならば、どんどんここに落書きすることを推奨している。自分の好きなキャラクターを、関係させて登場させるのもOKだ。自作のキャラクターをつくり、キャラクター同士で会話をさせて難しい文法などをまとめるような子もいる。

この一寸法師2人分のスペースは、学年を重ねるごとに使い方が上手になっていく。おもしろいノートは、全体に紹介しておもしろさの共有を図りたい。

簡単・単純・純粋に「1行＝1分」の原則

書く 56

20代のころは、時間配分がうまくつかめず授業が尻切れとんぼになってしまうことが多々ある。特に、書く学習はある程度の時間が必要だが、十分に時間がとれない現状がある。では、時間と分量の関係はどうなっている？

目安となる時間を知る

原則　1行＝1分

原稿用紙に書かせる場合やノートに書かせる場合、目安になるのが1行1分ということ。5行書かせたいならば、最低限5分は必要である。

授業の中では、分量が先に決まっている場合もあれば、時間が先に決まる場合もある。どちらにしても、この原則を目安にすると、配分を間違えることは、劇的に少なくなるはずだ。

子ども自身が腹時計のようにこの感覚を

「10行ぐらいあるから、10分くらいかかるかな」と、子ども自身が時間を見立てる力は、義務教育の中で身に付けさせたいことの1つである。高校入試で作文が課されている都道府県では、少しずつこの時間が短くなるように指導していけばよいだろう。

書く 57 筆記用具を持つ手元の写真をスライドショーで

　世の中には星の数ほど写真集があるが、筆記用具をもつ手元の写真を集めた写真集はないだろう。きれいに字を書きなさいとは口を酸っぱくして言うが、その原点である持ち方については意外と指導が不足しがちだ。

筆記用具の持ち方は千差万別

　筆記用語を持つ手元の写真を撮り、スライドショーにしてみんなで鑑賞する。これまでの人生の中のどこかで持ち方を教わってきているにもかかわらず、生徒の筆記用具の持ち方は千差万別だ。そしてタチが悪いことに、自分の持ち方は so good と思っている子が多い。

　右ページの例はごく一部で、もっといろいろなバリエーションがある。私自身は小学校勤務の経験もあるので、中学校でも筆記用具の持ち方について触れることがあるが、中学校では一切触れられないまま卒業する場合も多いのかもしれない。

　いつかは親になるかもしれない子どもたちのために…。

人をボコボコにしてはまずいが、紙はボコボコにしてもいい

　シャープペンシルの芯は「0.5」などと標記されるが、単位がmmであるということを忘れがちだ。つまり、1mmの半分の細さで書くと、折れる可能性や心配がつきまとう。その結果、薄い字が世の中に蔓延してきているように思う。

　せめて紙の裏がうっすら「ボコッ」となる程度の筆圧で書けるようにしたい。字の薄さは自信のなさと表裏一体なのかもしれないが…。

▲すべり台型

▲親指姫型

▲手首カーブ型

書く

書く 58 薄味はいいにしても薄字は×

　高血圧予防のために薄味が推奨されているが、いい筆圧を目指すのに薄字は推奨されない。思春期の気持ちが揺れやすい時期になると、なんだか字が極端に薄くなることもある。

ボコボコにしてもいい。恋も大事だが、濃いも大事に

　ときに、白抜きや灰色をなぞらせる。右の例の言葉は極端だが、何かをなぞらせる活動をする。

　その後、次の2点を確認する。

> ①使っているシャープペンシル（or 鉛筆）の芯の濃さ
> ②今なぞった後、紙の裏がどうなっているか

　筆記用具の持ち方にも関連するのだろうが、薄い字の子が多い。薄いことがすべて悪いわけではないが、次第に薄くなっていくのはちょっと問題だ。その裏側には、気持ちの揺れも影響している気がする（もちろん、芯がHやFの場合は、どう頑張っても薄くなるのは当たり前だが…）。

　私は字が薄い子には、かかわる時間を少し増やすようにしている。濃ければすべてよしとは思わないが、相対的に、字が薄い子の方が問題を抱えている場合が多い。声をかける量をちょっと増やしたり、ときにはちょっと濃いめのシャーペンの芯を渡したりもする。

　また字体の変化にも敏感でありたい。思春期は恋も大事だ。ただ、薄すぎる子には濃いも大事だ。紙の裏がちょっとボコボコになるぐらいに書く筆圧がいいなと思う。ほどほどの恋／濃い。

書く 59

名前の字は子どもの心のバロメーター

　大人になると、字はそれほど変わらない。ところが、子どもは1年ごとに字が変わったりする。字は、精神的なバロメーターになることもある。小一以降、字自体に関する指導が減るので、ときには触れたい。

字は口ほどにモノを言う

　本来、目は口ほどにモノを言うものなのだが、字にも、その子の状態がよく出る。
　特徴的に出るのが、実は名前の字である。
・なぜか、全部平仮名で書くとき
・苗字しか書かないとき（下の名前なし）
・意味もなく、アルファベットで書くとき
・すごく薄い&すごく小さい&すごくナヨナヨ
　基本的に、提出物の名前欄はフルネームで書くものだが、子どもが精神的、状況的に不安定だと、上記のような字が登場する。
　提出されたかどうかの確認も大事だが、名前の変化にもちょっと敏感になると、指導が後手に回らなくて済む。
　名前の字が、ちょっと？だなと思った子には、話しかける量であったり、声をかけるタイミング等を考える。そんな小さなことが、意外と大きな結果にもつながる。

大人びて書く

　一方で、字を大人びて書かせることも効果的だ。字が、大人びているときは、思ったよりも問題が少ない。授業中にちょっと「大人びて書く」ことに触れるだけでも、子どもの字はグンと変わるから不思議。

書く 60

13字にこだわって書く活動

　ヤフーのトップニュースは、ほぼ13字ぐらいになるように書かれている。(「13字の奇跡」とも呼ばれている)。そこで、国語の授業でも、具体的な数字「13」を意識して、書く活動を行う。

13字にこだわる

- 軍事介入せず　露が国連に約束
- 米原子力艦周辺で独自防災
- あすにかけ「春の嵐」に注意
- 増税の影響で配達遅延が続出
- フェラーリで暴走　男に有罪
- ペレ氏死去と誤報　CNNが謝罪
- 大島優子「総選挙なければ」

　上は、とある日のヤフーのトップニュースだ。1つずつ数えると、だいたい13字ぐらいになっている。偶然だが、麻雀も手牌は13個。人間がパッと見でわかる目安が、13なのかもしれない。
　そこで、説明文でも物語文でも詩歌でも、「ズバリ何が言いたいの？」と子どもに問い、13字で書かせる。付箋に書かせて回収するにしても13字はちょうどよい(多くが体言止めになるだろう)。教師も、13字ならパッと読むことができる。

書く 61 学習のまとめは「はがき新聞」で

　ぶんぶんと腕を鳴らして裁断機を使い、画用紙を100㎜×148㎜のはがきサイズに裁断すべし。裁断されたものが、学習のまとめに大活躍。148㎜は意外と広く、意外と狭い。情報選択の腕も上がる一石二鳥の大作戦。

大は小をかねない

　時間にゆとりがあるころは、学習のまとめを新聞原稿用紙に書かせていたが、今は正直それほど時間がとれなくなりつつある。

　そこでおすすめなのが、はがきサイズの新聞づくり。専門の用紙もあるようだが、画用紙を裁断したもので十分代用できる。裏面には左のように本物のはがき同様、郵便番号を書くマス等を印刷すると後々効いてくる。

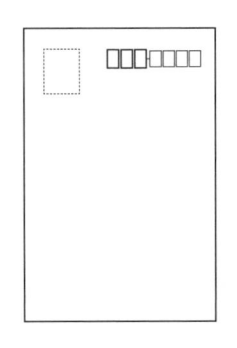

　つくるに当たってある程度の雛型は提示するが、あくまでそれは参考例であり、148㎜の中で自由につくらせる。大きさが大きさなので、どれもこれも入れる訳にはいかず、泣く泣く捨てざるを得ない情報も出てくるところがミソである。また、サイズが小さいので、どこかに掲示するにもスペースで悩むことがない。宛名のところに自分の名前を書かせると、はがきの書き方の勉強にもなる。裁断の疲れも、どこかへ吹っ飛ぶというものだ。

そのまま送れてしまう

　よかった作品に国語教師が絶賛のコメントをつけて本人には内緒で家庭に送ってしまうという裏技もある。学校から自分の子どものよい作品が送られてくれば、保護者の方も喜ばないはずはない。

書く 62

必勝清書法

　「丁寧に文字を書きなさい」と150回言っても、丁寧に書かない子は書かない。命令よりも工夫で丁寧さを150%にする方法をご紹介（この実践は富山県の門島伸佳先生から教えていただいた方法が原点になっている）。

鉛筆至上主義からの卒業

　子どもが小学校入学から一番長く使っている文房具は、鉛筆とシャープペンシルだ。最大の利点は、消しゴムで簡単に消せる点である。日常的によく使う「普段着の文房具」とも言える。逆に言うと、普段着だからこそ、少し雑に書いても気にしない。
　ところが、「ペンで清書してごらん」とひと声かけると、文字の雑さがどこかへ行ってしまい、とても丁寧な文字が登場する子が多くなるから不思議である。ペンは消すことができないので、「普段着ではない文房具」なのだ。そして、追い打ちをかけるように「修正液や修正テープは使っちゃいけないよ」と言うと、集中度は一気に上がり、見栄えも仕上がりもよくなる。清書させるときはもちろん、何かコンクールに応募する場合や、少し長めに教室掲示させるものなどを書かせる場合に特に効果がある。

文字の濃さにこだわる

　ボールペンで書かせてもよいのだが、できれば、「ラッションペン」のように、水性インクで、濃さがちゃんと確保されるものをチョイスしたい。筆圧が弱く、文字が薄い子が増えている中、文字の濃さというのは、要注意点である。
　また、作品公募などでも、文字の濃さや太さは重要な評価ポイントになってくる。1つずつ教えたいことである。

書く 63 往復葉書で暑中見舞い

　そりゃ、メールやLINEの方がspeedyだ。一方、はがきはslowだ。学習指導要領で、「手紙等」は２年で登場。ためしに、「最近はがきを書いたことがある人？」と問う。手があがる率が異様に低いことに驚かされる。

手紙の宛名が正しく書けない中３が30万人

　平成21年度の全国学力・学習状況調査（小学校）で、手紙の宛名を書く位置を問う問題の正答率が、67.1%だった。それから３年後、平成24年度の全国学力・学習状況調査（中学校）では、似たような問題（宛名を実際に書く）の正答率が、73.7%だった。正答率が上がったのはよいことかもしれないが、26.3%の子が間違っているという現実。大まかに計算すると、中学３年生がおよそ115万人だから、そのうちの26.3%は約30万人ということになる。

使う状況を意図的につくる

　30万人もの中学生がはがきの宛名を正しく書けないのは、正直よろしくない。しかし、子どもだって、わざと間違えようとしているわけではない。
　やはり、できるようにするには、使うに限る。
　例えば、往復葉書で子どもに暑中見舞いを送ってみてはどうだろうか。小さなことかもしれないが、こういう設定を意図的につくることが必要なのだ。書かなければできるようにはならないのだから。
　「将来、異国の地からさらっと絵はがきが送れるような素敵な人になれたらいいね」と言って、手紙系の授業を締めくくる。経験値を積ませることとともに、将来像を示すこともちょっとしたコツ。

64 時間　9秒間の整理整頓タイム

　教科書が分厚く、そして大きくなった。その分、机が小さく感じるようになった。実際には、新JIS規格で机のサイズも大きくなったが、学校全部の机が新しい規格になるまでには、ちょっと時間がかかるだろう。

いろんなものが、でっかくなっちゃった

　教科書だけではない。筆箱も大きいサイズのものが増えた。
　子どもの座っている机に座って、作業をしてみるとよくわかる。
　意外と狭い…。
　机の上のゴチャゴチャ具合は、脳みそのゴチャゴチャ具合に比例する。

作業前の9秒が助走になる

　そこで、授業中の作業の前に、9秒の整理整頓タイムを設ける。設けた場合と、設けない場合の作業効率の違いは歴然としている。
　「人類は、10秒の壁を破り、9秒台で走ることができるようになった。机の上の整理整頓も、9秒台でやろうじゃないか」
と呼びかける。
　今使うものを具体的に伝え、使わないものをしまう時間に、この9秒を使うのだ。
　じっくりと観察してみると、やっぱり勉強が苦手な子は、机の上がネバーランドのようになっている。つまり、永遠に作業が終わらない。取りかかりが遅い子の机も、同様である。
　たった9秒の整理整頓ではあるが、この数秒が、その後の作業効率を何倍にもしてくれる。作業前の9秒が助走となって、作業を加速させてくれるのだ。

65 「すき間」時間活用は「てもちぶさた」が合言葉⁉

　「すき間」という言葉自体どちらかと言うと、マイナスのイメージを含んでいる。子どもが落ち着かない状況では、この「すき間」がけっこう命とり。逆手にとって、この「すき間」を上手に使えるようになりたいもの。

「てもちぶさた」が合言葉

　個人の活動であれば、個人差が生じるのが当たり前。その差を上手に調整することが、国語では特に重要になる。差で発生する「すき間」時間に各自がやる自学がはっきりしていれば、毎度指示することもない。新年度はじめにていねいに説明し、学期はじめにちょっと確認を入れるとよい。

ていばんもの　…定番がいくつかあるといい。その中で選択する
もちろんできる…いつ、だれでもできるものでないといけません
ちょっとだけよ…すき間時間なので、ちょっとできるものが前提
ぶつがある　　…いつでもそれがないとお話になりません
さくっとやめる…すき間時間活用だから、のめり込んではいけません
ためになる　　…「やってよかった感」のあるものがおすすめ

　私の場合、漢字ノート、辞書意味調べ、俳句づくり、予習復習、ノート下段6cm空間づくり、先どり宿題、などが定番メニューになっている。

「そろそろ」→「さてさて」が終わりの合図

　あくまで、「すき間」時間を使った活動なので、短時間で終わる。終わる前後が腕の見せどころ。終わるちょっと前に「そろそろ」と声をかけ、「さてさて」で元の活動に戻す声かけができると、本来の活動に戻りやすい。

時間 66 「キ」で始まり「キ」で終わる授業の「キ」律

　チャイムが鳴らない学校が増えた。鳴る鳴らないを問わず、授業は時間で終わらすに限る。授業がのびのびたではいけない。延ばすクセがつくと、意外と治らない。今日、授業延長禁止宣言に署名をしよう。

チャイムの余韻を楽しめる国語教師に

　四月授業びらきの段階で、次のことを子どもたちに伝える。

> しっかり始めるための責任はきみたち、
> 　　　　　　しっかり終わらすための責任はわたし

　授業が延びて喜ぶ子は、絶滅危惧種のように少ない。逆に、授業が始められなくて喜ぶ教師も少ない。お互いさまなのだ。

　私は、チャイムの「キンコンカンコン」の「キ」で授業を始めるようにしている。そして、終わりも同様に、教えることが途中であっても、「キ」で終わりにするようにしている。

　学生時代、「ちょっといいかな？」と言って授業を延ばす先生がいたが、延ばした部分の記憶はまったくない。延ばした先生の記憶だけだ。チャイムの音は、記憶にふたをする装置のようなものなのである。

　祇園精舎の鐘の声ではないが、「キ」で授業を終わらすように意識すると、鐘の音が余韻のように聞こえる。延ばしても「風の前の塵に同じ」ようにまったく残らない。

　また、電波時計でも使っていない限り、時計は遅れるもの。各教室の時計の状況もときどき確認して、授業の終わりをきっちりするのが、授業黒帯の必須条件と言えるだろう。

宿題 67

¥がとりもつ読書の縁

埼玉県寄居町立図書館で行われている本を読むための工夫された実践を、学校版にアレンジ（許可をいただきご紹介）。通帳のような読書記録帳をつくり、読んだ本の値段を記録する。心の貯金はいくら貯まった？

本の値段を記録する（原実践は寄居町立図書館の「読書通鳥」）

読みはじめた日	書名（本の名前）		本の値段	備考
読みおわった日	著者（書いた人）	評価（面白さ）	合計金額	（感想等）
月　　日			円	
月　　日		☆☆☆☆☆	円	

　読書の記録をつける実践は多い。そのほとんどが冊数やページ数を記録するタイプだが、視点を変えて「本の値段」を記録していく。ページと値段が単純に比例するとは限らないからおもしろい。

　意識しないと同じジャンルの本ばかり借りてしまうものだが、この「読書通鳥」形式だと他のジャンルにも手が伸びやすくなる。例えば、高価な図鑑類などあまり手にとらなかった本が借りられるチャンスになる。つまり、読書の可能性を広げることにつながる（本当にすばらしいアイデアだ）。

　また、普段自分では買えない値段の本と出会えたりするチャンスになる。学校なら、カウンターに一番高い本と一番安い本を展示してみてもいい。

　また、「読書通鳥」をきっかけに、学校の図書館だけではなく、住んでいる区市町村の公共の図書館へも誘う宿題を出してみるとよい。具体的なやり方はあえて書かないが、公立の図書館に行かないとできない宿題を、長期休暇に出してみるのはどうだろう。公共のマナーを学ぶよい勉強にもなる。

宿題 68 映画が先か、読書が先か

　映画化される本が増えている。文字が映像になることは、読書嫌いな子が読書に親しむチャンスを秘めている。そう考えると、映画が先か、読書が先かの答えは自ずと出る。映画を見ることが宿題なんてステキ。

本で先にイメージをつくってしまうと、ガッカリ感に襲われる

　結論。本を先に読んでから映画を見ると、登場人物のイメージに差が出ることが多く、なんとも消化不良になることが多い。逆に映画を先に見てから、読書のパターンだと人物像は深くなることが多い。だから、映画が先に軍配（既読の本が映画化されるパターンが悩みどころではあるが…）。

　また、映画の方が簡略化されていることが多いので、その簡略化された部分を探す楽しみが読書にはある。違いを探す読書もこれまたおもしろい。

参考 HP　「読書メーター」映画化本のおすすめランキング
　　　　　http://num.to/0000-6287-3743

国語も数字で深化させていく時代

　関連して、映画 HP 等を伝えるときに便利なのが、数字で短縮 URL がつくれる「num.to（ナム・トゥ）」である。ひと昔前は、ネットがそれほど普及していなかったが、現在はスマホをはじめ、普及率は格段にアップしている。国語の授業で使いたいインターネット上の情報（動画、画像、知識、公募など）は、「num.to」で数字に短縮して黒板で紹介。帰宅後、数字を打ってその情報を見てみる。授業の復習的な機能にもつながるし、知識欲を深める働きもある。ただ要注意なのは、インターネットを活用するので、本当に問題ない情報かよく確認することだ。便利の裏側には危険が潜んでいることを忘れてはならない。安全第一で、国語も数字で深化させていく時代。

宿題 69 「もしよかったら」スタンスで公募活用

　公募の活用＝夏休みというイメージはないだろうか？　実は公募の世界は奥深く、おもしろくてタメになるものが多い。全員提出を目指すよりも、ぜひやりたいと挙手する子のために、公募情報に目を光らせてみる。

濃い数パーセントを大事にする取り組み

　ハッピーマンデー法が施行されて以来、なんだか連休が増えた。三連休は特に珍しくない。そんな連休前の金曜日に子どもたちに提供したいのが公募に関する情報だ。

　正直、大人が応募するものはレベルが高い。一方、学生向けのものは、ちょっとした工夫でかなり応募できるものが多い。

　大切なのは、「無理矢理応募」スタイルではなく、「もしよかったら」スタンスを貫くこと。呼びかけに応じるのは、全生徒の数パーセントかもしれないが、この濃い数パーセントを大事にする取り組みも必要だと思う。

猫とか竜とか…

　公募系のお役立ちサイトがこちら。

●公募猫　http://num.to/9429-8382-4986
　小説・童話・詩・エッセイ・短歌・俳句・川柳 etc
　文学賞・新人賞への公募ガイド

●登竜門　http://num.to/0000-7080-4889
　日本最大のコンテスト情報ポータルサイト

宿題 70 夏休みの宿題の足並みを ちょっと崩してみると…

　サザエさんでは、夏休みの最終日にカツオがヒイヒイ言いながら宿題をやるのが毎年の恒例。実際、2学期初日に宿題を回収するシステムが一般的だ。この足並みを、いい意味でちょっと崩してみると…

夏休みの宿題の目的とは

　夏休みの宿題は、そもそも何のためにあるのか。1学期の復習をするため、学習習慣を失わないため、長期だからこそできることに挑戦するため、など様々な理由が存在するのだろう。
　ただ、その効果となると、疑問符が付く。
　世界的にみても、夏休みの宿題が大量に出る国は少数派である。そう考えると、宿題の形式や提出方法を変えてもよいのかもしれない。

宿題の提出日を複数回に分ける

　例えば、宿題の提出日を複数回に分けて設定してみてはどうだろう。この日までに提出したらボーナスで大加点、この日までに提出したら中加点、この日までに提出したら小加点…といった具合だ。2～3回提出日があれば、一度に大量に提出されるのと違い、点検・確認する教師の側にもメリットがある。夏休み中にチェックするのと、新学期のドタバタでチェックするのでは、チェックの質もかなり違う。また、複数回設定すれば、夏休み中に学校に来る必要も生じ、生徒指導上も役立つ可能性がある。
　そして、宿題も1学期の最後ではなく、7月の上旬ぐらいから渡すといい。他教科は1学期の最後に配布し、2学期の初日に回収。国語は、7月上旬に配布し、夏休み中に複数回回収日を設定。どうにもならない子だけ、新学期直前に対応する。時間差で夏休みの宿題をやるのだ。

黒板の不毛地帯に授業の「お品書き」を

　国語科における黒板の不毛地帯はどこかというと、それは左端だろう。右端から書くので、最後にたどり着くのが左端。逆転の発想で、授業の最初に左端を、高級料亭の「お品書き」のように使ってみては？

違う意味で左派

　人間は2つものがあった場合、左のものを先に見る習性がある。他教科なら、左端から授業が始まるので問題はないが、国語科は縦書きであるがゆえに右端から書く。だからこそ、最初に注目する左端に、その日の授業のメニュー＝今日の活動の「お品書き」を書く。もちろん知らせない方がよいものもあるが、次にやることを知っている方が無駄や無理が減る。教師もやる順を明示する手前、その順番について考えるという副産物が得られる。やることも大事だがやる順も大事だ。

特別支援的要素を含む「お品書き」

　自転車だって車輪を見ながら進んだら怖い。ちょっと先を見るから予想ができるのである。近年、特別な支援を要する子どもの把握が進んでいる。いろいろな活動をさせると、スタートダッシュが得意なタイプの子もいれば、スロースタートなタイプの子もいる。いずれにしても、意味のない出遅れを生まないためにも、左端に活動を書くことには価値がある。

　ちなみに、教科書サイズが大きくなって以降、机上の整理整頓は必須であり、不要なものをしまうという意味でも「お品書き」は役に立つ。

板書 72

すばやく、まっすぐな分割線を

　黒板を解放して子どもに書かせる。小さな工夫だが、線で区切られていると子どもは安心して大きな字を書くことができる。意外と線を引くのが苦手な先生は多いので、あっという間に線を引けるコツをご紹介。

こっそり小さなシール作戦（赤は３等分線　青は４等分線）

　班や小グループの数にもよるが、黒板を縦に３等分する線と４等分する線がパッと引けると素敵だ。特に、４等分線以上に３等分線は技術が必要だが、モタモタする時間はない。そこで活躍するのが、黒板の上部に貼る、等分の目安になるシールだ。爪の垢ほどのサイズでよいので、貼っておくときれいな等分の縦線を引くことができる。

自クラスの教室以外では…

　自分の教室ならば上のことも大手を振ってできるが、他の教室となるとちょっと難しい。あまり大きな声では言えないが、そんなときは黒板の上部にえんぴつで目印を付けておく。黒板の溝が気になる先生はいるが、黒板の上部が気になる先生は、全国探しても少ないはずだ。

薄く薄くえんぴつの線はどこまでも…

　小学校や国語専科の教室をお持ちであるならば、薄く薄く黒板に鉛筆で線を引いておくことも奥の手だ。
　国語の先生は文字が上手な方が多いが、他教科に比べて線の上手な先生は少ない。小さなシールやえんぴつの線を上手に使って、子どもの活躍の場を広げていきたい。

73 板書 黒板には魔物が棲んでいる

　昔から甲子園には魔物が棲むとよく言われるが、黒板にも実は魔物が棲んでいる。黒板の危険＝魔物の存在を知ることで、生徒にとって不必要なストレスを半減することができる。板書は書くことが最終ゴールではない。

曜日が下限ライン

　日本中の多くの教室の黒板には、右端に「月」「日」「曜日」が予め書かれている。国語は縦書きで右端から書くことが多いので、これを目印に活用できる。
　当たり前のことだが、黒板は一番下まで書ける。しかし、最後列の生徒には黒板の下部は非常に見づらい。中学生ぐらいになると背丈の大きい子がいる。背丈も配慮して席替えをしている学級もあるが、ALL くじ引きで席替えする学級の場合、背丈の大きい子が前のあたりに来る可能性も否めない。そこで、「黒板の下限は、曜日のライン」としておくと、黒板の下が見えずに左右に体をずらしたり、ふと立ち上がったり、隣の子に聞いたりする必要も減る。特に生徒からよい意見が出たときは、つい下まで書きたくなるので要注意。

黒板の左端

　もう１つの要注意箇所が、黒板の左端だ。太陽の日ざしによって死界になる部分がある。他教科は左端から横書きで書くのでそれほど影響がないが、国語の場合は縦書きなのでまるまる一文反射して読めない場合がある。カーテンで対応することも必要だが、どこまでが太陽の日ざしで見にくいか、ちょっと意識するだけで、角っこの生徒にも優しい黒板にすることができる。

黒板消しの意外な活用法

はじめて教壇に立ったとき、黒板に書く文字が震えた先生は多いだろう。経験が少ないときは、板書の字の大きさもまちまちになりがちだ。文字の大きさの目安になるものはいったいなんだろう。

黒板消しの縦と横を基準に

黒板消しの大きさは全国津々浦々だいたい同じだろう。この黒板消しが実は黒板に書く文字の大きさの目安になる。縦の幅が、1文字のちょうどよい大きさと考えるとよい。

ちなみに横は、板書の中で特に強調するときに書く大きさや小学校低学年での文字の大きさと覚えておくとよい。教育実習生を担当すると、文字が極端に小さい場合ことが結構あるので、事前の板書練習のときにさりげなく伝えてあげると喜ばれるだろう。

実は、同じような大きさのものが他にもある。それは、握りこぶし（グー）だ。握ったこぶしは、黒板消しの縦の幅と同じである（余談だが、握りこぶしの大きさは心臓の大きさとも同じである）。これは、1行空けるときの目安にもなる。

板書するのは先生だけですか？

授業中、黒板を開放して子どもに書かせる場合もある。また部活動のミーティングや学活等で子どもが黒板に書く場面は意外と多い。だからこそ、チョークの持ち方や文字の大きさは子どもたちにも教えておきたい。教えることでぐーんと成長する。

75 板書

授業を板書から考える

　授業構想は、教材を研究し、その調理法を考え、板書計画へ…という順になることが多い。ただ、一生懸命板書を考えるあたりでヘロヘロになってしまうことはないだろうか？　では、逆転の発想で板書から考えてみよう。

生徒のノートを見比べてわかること

　各学期の成績をつけた後に、学年で評定5をつけた子と、残念ながら評定1をつけた子のノートを見比べる（教え子の1は、ある意味で自分自身の授業が1であったのと同じであると謙虚に反省する必要あり）。

　どんな授業でも、子どものノートに残るのは教師の板書だ。そこで、以下のような視点で生徒のノートを見て、板書の反省材料とする。

> **5の子のノートの視点**
> 　①余白に何か書き加えられているか？
> 　②板書をそのまま写してない部分はどこか？
> **1の子のノートの視点**
> 　①書ききれなかったページはあるか？
> 　②グチャグチャになっている部分はどこか？

　そこで、ときには板書計画から授業を構想してみてはどうだろうか？　逆転の発想によって、授業が変わる。

　板書を考えるとき、「矢印に溺れない（矢印多用は×）」「文字のサイズの変化（全部同じ大きさは×）」「他教科（前時）の板書を盗み見る（早めに教室に行く習慣）」が、ポイントになる。もちろん、すぐにうまくはならないが、毎日うまくなる可能性を秘めているとも言える。

副教材選び5つの鉄則

　世にも奇妙な物語ならぬ世にも奇妙な副教材選び。大学ではもちろん、OJTでもあまり選ぶポイントを教えてもらうことはない（私自身も教わったことがない）。そこで、副教材の選ぶポイントをいくつかご紹介。

1　「石の上にも三年」の副教材であれ

　中学校であれば、1年で採択した副教材は3年間使う覚悟をもとう。最終的に使うのは生徒であるから、コロコロ変えるのは御法度。

2　答えの量と質がすべての判断基準

　副教材を並べ、パッと見るだけでは違いはわからないが、模範解答をじっくり見ると、その副教材の質を発見できる。答えに答えあり。

3　たかが「おまけ」されど「おまけ」

　今どきの副教材には、いろいろな「おまけ」が付いている。そのときはよく見えるものもあるが、「実際に使えるかどうか」という眼鏡でチェックする。

4　自県の公立高校の入試問題と似ているか

　都道府県の入試問題は、北海道から沖縄まで解いてみると、同じ公立高校の問題でもかなり差がある。自県の問題形式に似ているものを見極めたい。

5　隅々まで活用できる分量

　分厚くても大きくても、使えない副教材は宝の持ち腐れになってしまう。1年間通して子どもと自分の状況に応じて使い切れるものを選びたい。

77 教材 小学校の文学教材再活用

　指導案の中には、既習の学習事項を位置付けるものもある。つまり、以前やったことから現在やっていることにつなげるのだ。そう考えると、身近で使えるのが小学校で扱われる文学教材（物語）だ。

小学校の教科書を一度は読む

　私は、今は中学校で勤務しているが、前は小学校で勤務していた。小学校に勤務して国語で一番驚いたのは、自分が小学生のときに勉強した文学教材がまだあることだ。何十年経っても残っているものがある。「くじらぐも」「スイミー」「お手紙」「スーホの白い馬」「ごんぎつね」「やまなし」など、今でもストーリーを記憶しているものばかりだ。中学生ならば、もっと記憶は鮮明である。小中連携が叫ばれ、小学校に行く機会も増えている。そんなチャンスにちょっと教科書を借りて読んだり、または教科書の教材がまとまった本などを読み直してみるといい。一、二度やれば自分の中の記憶も蘇るだろう。

　今教えている（教えようとする）教材で、小学校で学習したものが使える部分はないかというアンテナを立てると、不思議と結構出てくる。一種のブックトークをやっているような雰囲気である。

音読の効果

　中学生にこんな物語を小学校でやったよねと話題を振ると、懐かしさも相まって目つきや表情がかわる。その原点は音読にあると思う。宿題として毎日読んでいたからこそ、作品の細部まで記憶しているのだろう。

　そう思うと、中学校の音読についてはどうあるべきかを考えてしまう。

評価 78 評価カードを進化させる心意気

　一部変えよう。これが、私のポリシー。授業はもちろん、板書も毎時間ちょっと改善させる。全部同じは△主義だ。評価カードも毎回ちょこっと変えている（大きく変えると失敗するので、ちょっとずつが成功の秘訣）。

ヒントは学期末の子どもの小さな小さなつぶやき

　学期末に、子どもに「ふり返り」を書かせる場合がある。書かせたものは、授業改善の種だ。何となく読むのは、もったいなさすぎる。

ふりゑれば [やつ] がいる
（かえ）
【国語自己評価カード】
〜「色」でふりかえる長所/短所〜
氏名：

日付	1字	挙手数	物準備	暗唱俳	家宿題	板書速	発言数	辞書使	6cm	わかったこと/気づいたこと/思ったこと/力がついた
		回								古文の歴史的仮名遣いについて「てふ」理解できた

（同じ漢字は使えません）
前→赤　◎→赤　家→赤　⊘→赤　2→赤　2→赤　多→赤
直→青　×→青　学→青　□→青　1→青　1→青　少→青
後→緑　忘→緑　×→緑　×→緑　0→緑　0→緑　0→緑

　上は、2014年1〜3月に使用した評価カードの一部である。物準備、暗唱、宿題…など7つの項目を、赤、青、緑の3色で塗りつぶしていくことで、ふり返れば自分の短所と長所がわかる、という仕組みだ。

　まだまだ未完成の評価カードだ。たぶん、一生完成しないだろうと思っている（評価カード自体にそれほど巨大な価値があるわけではないが、子どもの習慣を変えるのに一役買っているので、使い続けている）。

　同じ教材だから同じプリント、というような発想にさよならする。ほんの一部だけでも変えようとする心意気が、いつも新しいアイデアにつながる。

タックシールで、ちっちゃい賞状

評価 79

　継続してできないことは×だ。得てして大がかりなことは続かない。最初にでっかくやり、そのあと尻すぼみにならないために、タックシールを活用してみてはどうだろう？　ここ数年の進化は著しく、今後も期待の領域。

でっかい賞状もいいが、ちっちゃい賞状もいいぞ！

　右は、辞書で意味を調べ、付箋を貼っていく活動の表彰状で、タックシールに印刷したものだ。上は付箋250枚達成賞、下は付箋2000枚達成賞。

　現在、タックシールの世界は発展をしていて、右のようなものがものの数分で簡単につくれてしまう。私のような機械音痴でも、さっとつくれる操作性のよさである。

```
国語辞書【活用】証明書
250枚 達成賞（大智11）
辞書活用も軌道にのってきました
毎日こつこつやっています！
その努力をたたえ ここに賞します
```

```
国語辞書【活用】証明書
2000枚 達成賞（小礼6）
「飽きの壁」と格闘しつつも活用
国語の語彙力は黒帯レベルです
その努力をたたえ ここに賞します
```

タックシールを使うメリット

　下記のように、いくつかある。

①貼れる　…紙の賞状にすると家で保存だが、教科書や辞書に貼れる。
②印刷OK…簡単に大量に印刷できる。必要な枚数の計算も簡単。
③アナログ…現代っ子にアナログな手法は、意外と効果大。

　コツコツやる子は、こういったものが好きだ。目立つ子だけではなく、コツコツタイプにも光が当たる仕組みをつくっていきたい。

80 試験 国語の試験勉強がしたくなる「御触書」

　定期試験前になると、テスト計画表なるものが配布され、子どもたちは試験勉強を始める。ところが、結果として他教科よりも国語が後回しにされることになっていないだろうか。勉強がしたくなる秘策「御触書」をご紹介。

国語の試験勉強がしたくなる「御触書」

　右の写真のような「御触書」を配布する。内容は、以下の3点である。

> ①国語の勉強の仕方（シリーズ）
> ②重点・盲点・注意点・変更点
> ③前回多かった答え方の間違い

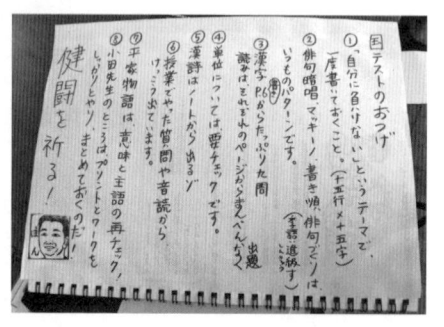

　試験勉強のやり方を一度教えて理解できる子は2割程度。8割程度はわからずに終わる。だから、毎回の試験で少しずつ国語の勉強の仕方（漢字の勉強の仕方、ワークの使い方、ノートのまとめ方など）を紹介する。少しずつやり方を教えるもの＝シリーズものにすれば3年間で確実に理解できる。

　また、具体的に要点を書くことが大事だ。例えば、ページ数を明記したり、テストに出ている問題の類題を紹介する。問題の傾向がわかるとやる気、やる量に変化がみられるし、子ども同士も教え合うようになる。

　あと、前回の試験で「答え方」に間違いが多かったものも紹介する。答案用紙につく△で、答え方に関するものは減らしていきたい。試験直後は覚えていても忘れてしまう答え方を直前でおさらいするのだ。

　そして、定期試験の数週前に配布するテスト計画表にある「試験範囲」は、枠限界まで記入する。余白の分だけ子どもの勉強時間が減ると思いながら。

試験 81 「解答用紙の素」で作成時間が半分に

　ここだけの話、①一太郎を使っている、かつ②国語科の教師だという方に吉報である。なんと世の中には国語の解答用紙専門のソフトがある。ズバリ「解答用紙の素」だ。これを使えば解答用紙をつくる時間が半分になる！

世界の中心で「今まで何で知らなかったのだ」と叫ぶ

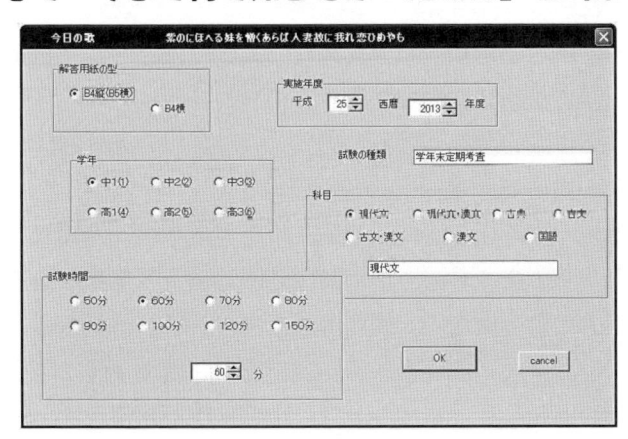

「解答用紙の素」最初の画面。解答用紙の型から試験時間までクリック１つで簡単に設定。

　「漢字書取」問題はものの数秒。結構厄介な「升目」（字数制限の問題）も数秒で完成だ。「初めと終わり」の〇字問題も、微妙な設定が簡単にできる。最初は失敗するかもしれないが、すぐなじむ。自転車と同じで、一度できちゃえば一生使えるのすぐれものソフトなのだ。これを使い始めてから、他教科よりも、解答用紙をつくるのが遅くなったことは一度もない。

参考HP　国語解答用紙の素（福田淳一郎）
　　　　http://num.to/5583-9449-2287（500円分相当）

試験 82

入試問題分析で作問の腕を上げる

　都道府県の数は、47だ。毎年、各都道府県で公立入試が行われる。47の国語の入試問題が、お目見えすることになる。47の都道府県に行ったことがある人もいるかもしれないが、47の都道府県の入試問題はどうだろうか。

見よう見まねからの卒業──北海道から沖縄までの旅

　ちょっとお堅いことだが…。公立高校の入試問題は、学習指導要領の枠組みの中から出題される。この枠から大きく逸脱するような問題は、まずない。だから、試験の作問の腕を上げるために、公立高校の入試問題を解いてみるのは1つのよい方法だ。

　毎年、各都道府県で極秘の任務を頼まれた人たちが、人知れず入試問題をつくっている（不思議とその土地柄が出ているような気がする）。

　各都道府県の教育委員会で、問題等が公表されているだろう。それを1つずつやるもよし。また、北海道から沖縄までの問題が1冊になった本もあるので、それをやるもよし。ポイントは、次の3点である。

---

①住んでいる県の問題を過去数年分やる
　独自のパターンや傾向をよく分析、把握する。
②記述問題の設問に目を光らせる
　特に、問題文の書き方に着目する。
③一度は北海道から沖縄まで全部解く
　20代でやっておくと、血や肉になる。

---

　③の通り、若いうちにやることが大事。自県のパターンを定期試験に生かせると◎だ。また、入試で使われる文章も、意外とおもしろい。

配点は毎回固定主義

　配点を固定。ちょっと窮屈な感じがするかもしれないが、試験問題を約半分の時間でつくれる魔法の方法だ。職員室をこっそり眺める。問題作成に時間がかかっている先生は、配点が毎度バラバラであることが多い。

ズバリ、固定でしょ！

関心意欲	聞くこと	書くこと	読むこと	知識漢字
10-8-5-0	15-12-8-0	10-8-5-0	30-24-15-0	35-28-18-0

　この配点の比率には、賛否があるかもしれない。
　でも、ここで話題にしたいのは、比率論よりも固定論だ。

一 各二点			二 各点			三	一 各点						ひらがな	一 各点			五 各二点			六 各二点		
三	四	五	一	三	五		一	二	三	七	八	九		一	五	六	一	五	六	一	三	六

　観点別の数字も大問別の配点も毎回同じにしている。下記は、その利点。

> ①知識漢字を1点問題とすることで、△がない状態にできる。
> ②どの大問も同一配点なので、合計しやすい。
> ③問題をつくるとき、問題数で悩まないで済む。
> ④数えやすいのでミスがない（子どもも確認しやすい）。

　他にもいろいろとメリットはあるが、最大の利点は作問時間・採点時間の大幅な短縮である。「配点固定する＝大枠が同じ＝型に流しやすい」という公式となり、その日のうちに採点終了が可能となる。ただ、私自身まだこれが完成型だとは思ってはいないので、ぜひご意見を頂戴したい。

試験 84

ひとりぼっちの夜に、採点速度をあげるコツ

　問題をつくるのに精いっぱいになり、解答用紙はギリギリ人間だった。あるとき、採点のときに効率よくスピーディーに○つけするには、解答用紙を工夫することが有効だと気が付いた。ちょっとした工夫でも効率は上がる。

上を向いて採点しよう

　まだまだ改善の余地は多分にあるが、2014年度の解答用紙。

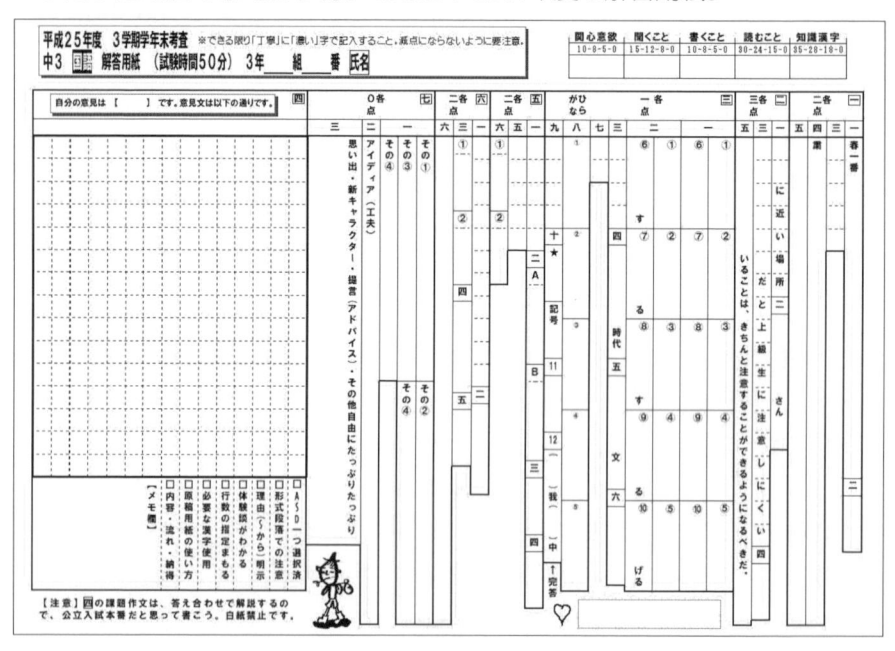

　縦書きの国語は、横書きの他教科と違って、上→下へ視線が動くので、観点別の得点など採点にまつわる数字を書く欄は紙の上部の方がいい。また、右利きならば、右上に数字を書くようにするとさらに効率的。毎回毎回が小さな改善の連続。

試験 85 採点5ペンレンジャーの登場

　定期試験後の採点時間は、教師の素が出るときでもある。他教科の採点の様子やモデルになる先生の採点方法をつぶさに見ると、意外なヒントが転がっている。この「5ペン採点方法」も先輩教師からヒントを得た方法である。

採点5ペンレンジャー（5ペン採点方法）

　もちろん定期試験だけでは評価はつけないが、国語は5観点あるので定期試験でも5観点の問題を作成するようにしている。その5観点を同じ採点ペンで○つけすると、子ども自身がどこが自分の長所で、どこが短所か理解しにくい。そこで、一目でわかるように、5つのペンを使って採点している。

【関心意欲】…緑色ボールペン　　【話す聞く】…黄色水性ペン
【書くこと】…青色ボールペン　　【読むこと】…採点赤色ペン
【言語知識】…赤色ボールペン

　答案返却時、子どもたちはまず点数を気にするが、こうしてペンの種類を変えて観点別に採点すると、自分の得意・不得意を少しずつ把握できるようになる。こうして「百点満点中何点とれたか」からの卒業を目指す。

採点記号＆ときどきなぞる

　採点時には、○、×、△以外にもいくつかの採点記号を使っている。もし空欄の場合は縦線を引いてしまう。△の中には部分点の数字を入れておくと、後で点数を出しやすいのでおすすめである。また、うっかり○をつけてしまったものには、大げさに×をつける。間違った問題は普通✓だが、×がついていたら訂正の意味が含まれている。あと、漢字等で間違った部分をなぞるときもある。なぞられると子どもは？？？と思い、自分の間違いを探すようになるから不思議だ。採点については、まだまだ開発の余地がある。

試験 86

子どもの失敗を貯金する採点法

　試験問題の解答用紙は、いろいろな先生に見せてもらうといい。そうしないと、実際に教師生活で目にする解答用紙の数は、もらった恋文の数にも届かないだろう。

子どもの失敗を貯金する

　まず、1人の解答を全問一気に採点することはしない。数問ずつに区切って、同じところを全員分採点していくのである。数問○、×、△をつけたら、次の子の解答用紙に移る。この行き来がしやすいように、左上2か所をホッチキスで留めておく。

　とはいえ、解答用紙をめくる分だけロスが多く、デメリットが大きいと感じる方もいるかもしれない。

　しかし実際には、想像以上にメリットの方が多いのだ。まず、採点ミスが少ない。また、同じところを見ていくので、採点基準がぶれにくい。特に△をつける基準がぶれない点がいい。

　そしてこの方法の最大のメリットは、子どもの間違えるパターンをしっかりと把握できることだ。数問ずつ採点していくと、どの問題で×や△がつくのかがよくわかる。裏を返せば、そこに「成長の種」が隠されているわけだ。返却時に解説するとき重点をかけるべき部分もはっきりする。さらに、次年度以降に同じところを教えるときにも、子どもへの教え方が変わる大事な部分になる。

　○をつけて点数を出すことがゴールになってしまうと、ちょっとさみしい。△や×の裏に隠されたものを探し、指導のヒントを貯金していく意識をもつと、採点もちょっとは楽しくなる。

87 △四天王から、△失点 No！へ

なぜ、テストの答え方を教えるのか？　それは、そこに△があるから。△を山に見立てて書いてみたが、国語は他教科と比較して△が付く率が高い教科でもある。惜しい△はいいのだが、無駄な△は○にかえたい。

△四天王から、△失点 No！へ

採点基準やその先生の考えにより多少違うかもしれないが、△が付いてしまうのは、次の４つのパターンが多いのではないだろうか。

> ① **「なぜ？」「から」型**
> 「なぜ…？」と問う問題で、理由に当たる「から」を用いない。
> ② **句点うっかり型**
> 最後に「。」を付け忘れる。モーニング娘。を見習ってほしい。
> ③ **指定字数の80％未満型**
> 記述問題は、指定字数の80％以上が基本。人生80年、文字は80％。
> ④ **「どういう○○ですか？」型**
> 意外とやっかいなのがこの型。「どういう『こと』ですか？」と問われたら、文末が「こと」で終わることができれば、ひと安心なのだが…。

ためしに、住んでいる都道府県の公立高校入試問題を見ていただきたい。上記の①〜④型で引っかかってしまう問題が、出題されている確率が高い。もしそうであれば、定期試験の前や後に、繰り返し指導することが必要だ。この４つはテッパンなので、プリントにして配布してもよいだろう。特に異動したての学校では、念入りに指導して定期試験に臨む。

余計な△はいらない。子どもの△を○にするのも、先生の仕事の１つだ。

モノ 88

少年よ付箋を抱け

　巷では安価で拡がっているのに、教育界ではあまり拡がらない文房具がある。それは「付箋」だ。大人になると付箋をよく使う。だからこそ、子どものときから付箋と上手に付き合わせたい。大志よりも付箋だ。

メモ魔の片手に付箋あり

　最初の1回は教材費等で用意する。それが付箋活動の助走になる。子どものメモの様子をつぶさに観察していると、手帳サイズのノートやプリントの端か裏などにメモをしている。きちんとしている子は後生大事にもっていられるかもしれないが、それはせいぜい全体の20％である。残りの80％はどこかへ旅立たせてしまう。そこで、授業開きのときに、付箋とともにメモの取り方を教える。付箋の裏の「のり」は絶妙な具合なので、必要なところに貼らせる習慣を付けていきたい。

「付箋のしおり」で時間短縮

　提出物のノートやワーク等をみるための時短術が付箋に隠されている。提出するとき、ここから見てもらいたいというところに付箋を貼らせるようにする。すると、どこでもドアのように、見たいページにたどり着く（当たり前である（笑））。人数にもよるが、10％ぐらいは時間を短縮できる。
　教科書でも、授業の終わりのページに付箋のしおりを貼らせておくとよいだろう。次の授業の開始がスムーズになるし、自宅で復習するとき目印にもなる。付箋が疲れてしまったら、次の付箋に選手交代すればよいのである。

モノ
89

ランダム指名のすゝめ

　授業の中でだれでも答えられる質問を用意する。そして、だれが答えるかは、ランダム指名グッズを使い、指名する。日付で指名してもいいが、31日までしかないので32番以降は安全地帯。ドキドキ感を演出。

睡魔よ睡魔よ、飛んでゆけ

　以前は、割り箸の先に数字を書いて、ランダムに指名をしていた。しかし、いくつか難点があり、「意外とかさばる」「数字が小さい」「結構汚れる」等の理由から、現在は下のようなプラスチック製の「見出しクリップ」に出席番号を振り、指名グッズとして使っている。軽くて汚れにくいので、今のところ No.1の座に君臨中である。

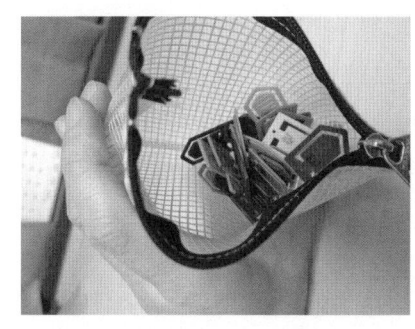

　さて余談だが、このグッズの購入先の100円ショップは、実はいい思考のトレーニング場になっている。小さなプラスチックのスプーンや植物の名前を書くプレートなど、安価で量が確保できる道具が、100円ショップにはまだまだ眠っている。本来の使用目的とは違う使い方を考えるような「くせ」が、この仕事ではのちのち生きてくると思う。

　だれでも簡単に答えられる質問＋ランダムに指名されるドキドキ感＝授業中の睡魔とさようなら。

90 モノ 鬼に金棒、教師に指示棒

国語の授業では、得てして「発問」や「指示」に関することに意識が向くことが多いが、力をつける視点から一番大事なのは「説明」。先生も子どももわかる説明タイムの導入術。

鬼に金棒、教師に指示棒

ごく単純なことだが、授業中に説明するときは指示棒を使う、と決めてしまう。教師は手に指示棒を持ったら「説明するぞ！」と意気込み、子どもは教師の指示棒を見たら「これから説明だな」と思えるようになるからだ。

とりあえず、毎時間１回はこの指示棒を使うという縛りを自分に課す。そうすると、否が応でも説明する時間が設定されることにもなる。知識・価値の伝達をするには説明は必要不可欠なのだ。

ちなみに私は、ニュース番組等でも使用されている、先端がオレンジで、ちょっと重厚感のある指示棒（サシー２）を使っている。太さも長さもちょうどよい。

７：３は偉大な数字

指示棒を使うときは、身体の向きがポイント。

子どもに向けて７、黒板に向けて３、ぐらいの比率をイメージするとよい。教師の基本は子どもに身体を向けること。大事にしたい原則の１つである。

地球では海と陸の比率が７：３。同じように、板書でも比率は７：３とぜひ覚えておこう。そういえば、昔々の教師の髪型は、七三分けが多かった。

〈参考文献〉
・大西忠治『授業づくり上達法』（民衆社）
・大西忠治『発問上達法』（民衆社）

モノ 91

玄人(プロ)のチョーク

　プロの国語教師なら、板書の字はサラッと上手に書きたいもの。でも、それが意外と難しい。特にチョーク独特の文字がうまく書けないと悩む先生は多い。そんな先生に朗報のチョーク選びのコツを紹介する。

字がどっしりする硬さ

　チョークには、柔らかいものと硬いものの２つのタイプがある。おすすめは後者である。例えば「プロチョーク」というチョークがある。普通のチョークと比較すると、少し長くて少し硬い。絶妙な握り具合で、板書の字がどっしりとする。チョークに不慣れな教育実習生が使ってみても、その効果は明らか。

　チョークは本来学校で支給されるもの。だから、モノに頼るのは反則技だと言われそうだが、試しに使ってみれば、明日からの板書の字がガラリと変わるはずだ。

色へのこだわり

　もう１つ、教師にとって意外に盲点なのが、チョークの色。正直、黄色以外は生徒にとって見にくいものが多い。そこでおすすめなのが、「蛍光チョーク」だ。特に差が出る色は赤で、曇り空や雨天時に実力を遺憾なく発揮する。普通の色チョークと蛍光チョークを同時に使うと違いは歴然とする。まるで黒板に魔法がかかったようだ。

　生徒のためを考えれば、使うモノにひと工夫を入れてみるのも悪くはないはずだ。

モノ 92 手のひらサイズの閻魔帳

　評価簿（通称：閻魔帳）を使っている先生は多いだろう。分厚い教務必携についているものや、名簿をコピーして穴を開け、ファイルに綴じたものかもしれない。プロの国語教師なら、閻魔帳にもこだわりたい。

大は小を兼ねない

　ビデオカメラが手の平サイズになって、爆発的に売れたのと同様に、閻魔帳も手のひらサイズの時代に突入なのである。一般的な教務手帳は重く、正直私は継続して使えた試しがない。また、名簿を印刷して使うのも、いかんせんサイズが大きい。つまり、閻魔帳では、大は小を兼ねないのだ。

　そんな重たい教務手帳型と名簿印刷型をいろいろ試している中で偶然発見したのが、「エクセル幅対応教務手帳」だ。軽量かつ持ちやすい手の平サイズなのである。現在、私自身が使っているのは、氏名幅4mm教務手帳（47名）だ。

　ちなみに、付属のカバーは外して使っている。本体は紙なので、表紙に使用年度、氏名を明記している。多少汚れるが、その分味が出る。

名簿づくりもラクラク

　この閻魔帳のもう1つの特長が、その名の通りエクセルの幅に対応している点、つまり、エクセルの名簿をそのまま刷り出して貼れるという点である。いちいちゴム印で一人ひとりの名前を押す必要もないし、ましてスタンプ台で汚れるようなこともない。

　最初は刷り出した名簿を切ってのりづけしていたが、現在はタックシールに各クラスの名簿を印刷し、それを貼り付けている。作業時間も半減で◎である。

仕事 93 スタッフ、募集します

『相棒』というTVドラマがあった。国語教師にも相棒がいたらいい。それが、国語係だ。週4時間国語があれば、年間140時間をともにする相棒。大げさに言うと、女房役。だから、何となく決まるのではもったいない。

できることも大事だが、好きにさせることの方が大事な教科かもしれない

中学校では、教科係なるものがある場合が多い。これは、小学校にはないものだ。

この教科係が意外と盲点で、何となく決まってしまうことが少なくない。

教科係は、年間でいうと140～105時間前後、ちょこっと力を貸してもらう相棒でもある。それが、何となくで決まってしまうのは、もったいないではないか。

教科係は、年度当初や半期終了後あたりに決めるだろう。そのときに、じゃんけんで負けた子ではなく、立候補した子がなってくれると、うれしい限りである。

教師もただ指をくわえて待っていてはいけない。右のようなポスターを学年掲示板に貼ってみると、立候補率はグンと上がる。個人的には、国語が苦手だったり、国語の撲滅を願うような子が教科係なってくれたらと思う。ちょっとした会話を140時間前後重ねる中で、苦手が普通になったり、普通が好きになったりする可能性を秘めている。もちろん、国語が好きな子にやってもらうのもありがたい。いずれにしても、係が決まるのでなく、係を決めるのだ。

スタッフ募集

職種：国語係
給与：出世払い
時間：国語の授業の前後
　　　※ときたま残業あり
待遇：国語がもしかしたら
　　　好きになるかも知れない

仕事 94

自前教科書のすゝめ

　私が勤務した小学校、中学校では、教科書は借りもの（＝学校のもの）だった。借りものとなると、書き込みとかは心苦しい。そこで、教科書は買う。自前教科書なら、書き込みもマーカーも問題なし。

教科書はいくら？

Open the price！

発行者	１年	２年	３年
東京書籍 学校図書 教育出版 光村図書 三省堂	761円	761円	788円

※三省堂は別冊との合計金額

　分厚さと内容から考えて、800円弱は安い。
　例えば、１年は761円で年間140時間。単純に761÷140＝約５円。
　１回の授業あたり５円である。教科書改訂までの数年間使うと考えると、１回の授業あたり１円ぐらいになるだろう。そう考えると、財布の紐もユルユルになる。
　表紙に大きく油性ペンで名前を書き、自分のものとして、どんどん教科書に書き込む。以前書いた走り書きや数字が、次回のヒントになることも多い。少しずつ年季の入る教科書は、まさに「相棒」と言えるだろう。特に継続的に載っている文学教材の研究には欠かせない。他社の教科書も勉強になる。

仕事 95 なくさず、すばやく処理できる書類整理術

　職員室の机の上がゴチャゴチャの先生の共通点として、生徒から回収した書類などを長く持つということがあるらしい。ワインではないので書類を寝かせる必要はない。なくさず、すばやく処理するためのひと工夫をご紹介。

クリップ綴じからホッチキス綴じへ

　以前私は、書類を束ねるのにジョイントクリップなどを使っていた。クリップ類は、使うときは便利だが、書類を処分するときに、クリップも片づける必要が生じる。その手間や煩わしさが、ちょっとした不満と悩みになっていた。

　そんなとき、40枚の紙が綴じられるホッチキスの存在を知った（私が使用しているのは Vaimo11 FLAT（バイモ11フラット））。何と言っても、40という数字がいい。学級の最大人数は40人なので、最大で提出される枚数も40枚。それを一気に綴じられるというわけだ。

作文に、定期試験の答案に

　授業中の生徒の提出物は、授業中に見るのが原則だが、作文など正直授業中だけでは見きれないものもある。そこで、とりあえず40人分をホッチキスで綴じてしまうと、もちろんなくすことはないし、他のクラスのものが混入することもない。私の場合は、定期試験の答案用紙も綴じている。2か所左上を留めれば外れることはなく、採点の速度も上がる。

　学級関係の書類、例えば三者面談の希望用紙やPTAの出欠等にも使うことができる。だから、職員室に1つと授業をする教室に1つずつ置いておくと便利である。

仕事 96 みっちりプレゼンとさようなら

もしかしたら研修会で発表する人になるかもしれない。普通にパワーポイントでプレゼンをしてもいいのだが、毎度おなじみでは、おもしろ味がないというものだ。

そうは言っても、つくることに溺れない

私はプレゼンを行う際、「高橋メソッド」か「Prezi」のどちらかを使っている。

参考書籍　高橋征義（2005）『でかいプレゼン 高橋メソッドの本』
　　　　　（ソフトバンククリエイティブ、2005年刊行（現在絶版））
参考HP　Prezi　ズームして表現するプレゼンツール
　　　　　http://num.to/0059-5592-8575

今までに、パワーポイントを使ったいろいろなプレゼンを見てきた。けっこう字がみっちり詰まっているプレゼンも多い。つくるときは、パソコンのモニターで見ているから多少小さくても気にはならないが、大空間かつ大人数の前で、ということになると、文字が小さいのは致命傷だし、思いやりに欠ける。

上述の高橋メソッドは、そういったプレゼンとは真逆の方法だ。1枚に書く文字の数を10字以内に絞る。絞った結果、全部の枚数は増えるわけだが、その分流れに乗って話すことが可能になる。つくるのも、みっちりプレゼンの半分ぐらいの時間でOK。なおかつ、枚数でおおよその時間もつかめるようになるから、一石二鳥だ。

> ひとの失敗を聞く

仕事 97 学級通信の1000本ノック

「1000本ノック」という言葉がある。野球で主に使われるが、コピーライターの世界でも使われる。1000円からお札になるように、1000という数字には意味がある。教師自身の書く力を高めるための1000本ノックはいかが？

「いやいや書けませんよ」からの卒業証書

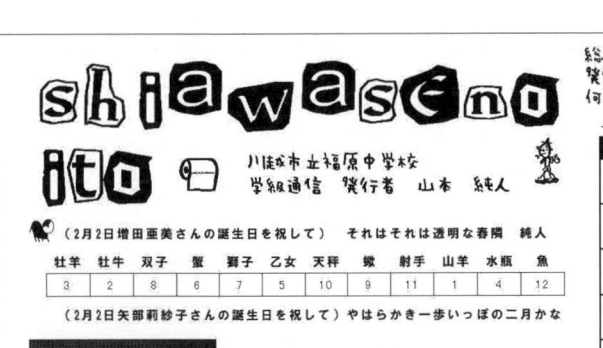

毎日学級通信を書く。1年間で200号前後。5年間続けると1000号。

私自身、学生時代は特に書くことが好きだったわけではない。いや、作文となると、脳内に苦手のアドレナリンが流れるタイプだった。しかし、学級通信を書くようになると、書くことのハードルを自分自身で下げることができる。あんまり修行チックになるのは好きではないが、ある一定量を書いてないと、実際文章は書けない。20代で1000号と目標を掲げるのもいい!?

仕事 98

研修会や雑誌の感想をじっくり書く

　この職業、意外とアンケートを書く機会が多い。特に研修会には、ほぼつきもの。また、雑誌の多くに感想はがきがついている。でも、ほとんどの人はそれを書かない。逆転の発想で感想をじっくり書いてみると…。

書こうと思えば、書くものはあるじゃないか

　私が雑誌の原稿を書いたり、どこかでしゃべらせてもらうようになったのは、とある月刊誌に感想を送ったことがきっかけだった。大げさに言うと、その1枚がこの世界の入場許可書みたいになったと今でも思う。
　正直、書こうとしっかり思わない限り書けないものでもある。とある月刊誌の編集者に聞いた話であるが、「アイドルのファンレターほどは来ない」と言っていた。「逆に言うと、編集の参考としてじっくり読む貴重なものだ」とも言っていた。

このページを、読んでしまったあなたへ

　今日から、だまされたと思って、研修会や雑誌の感想を、1年間じっくり書いてみてほしい。いい意味でだまされるのも必要な資質だ。
　書くとなると、それまで以上にグッと読むようになるし、グッと聞くようにもなる。そして、書いていく中で人とのつながりが、強く太くなる感覚と出会うと思う。
　違う世界の入場許可書だと思って、ぜひ挑戦を。

※この本の奥付（最後のページ）に、感想の送り先がある。まずは練習で、
　そこへ送ってみるべし。

仕事 99 「音」を出す教科からの学び

　いつかは教育実習の指導教官になっちゃうかもしれない。そのときは、国語の授業とともに音楽と英語の授業を見に行けるように、担当の先生にお願いしてみよう。国語が「音」を出す教科から学ぶことは、実は多い。

The 音

　国語の授業の質を決めている重要な要素の１つが「音」だ。
　教科によっては、音をたくさん必要としない教科もある。
　私は、「音で分類すると、国語と英語と音楽は、仲間だ」と教育実習のときの指導教官に教わった。
　それ以後、英語と音楽の授業は、チャンスがあれば見学させてもらっている。沈黙の国語より、雄弁・発言のある国語へのヒントを探そう。

目のつけどころ

　英語や音楽の授業を実際に見学するときには、いくつか目のつけどころがある。

---
①どのように「声」を出させているか
②活動にどのような「変化」を与えているか
③国語で使えそうな「考え方」（方法＜考え）
④「テンポのよさ」をどうつくっているか

　異動があったり、新しい先生が来たときが大きなチャンス。ぜひお願いしてみよう。

おわりに

　まずは、最後まで読んでいただいたことに、心から感謝申し上げます。

　また、「おわりに」を本編の前に読んでいるあなた、玄人(プロ)です。
　玄人の方にも読んでいただき、感謝の気持ちでいっぱいです。

　この本の書名の最後には、99という数字がついています。
　「なぜ、キリのいい100にしないで、99にしたのだろう…？」と思ったあなたも、玄人です。
　私が名作『銀河鉄道999』のファンだからではなく、かけ算九九に苦い思い出がある訳でもなく、義務教育の合計年数が9だからという訳でもありません。

　99とは、１つ足りない数字です。
　この本も、完成した本ではなく、まだ何かが足りない。
　そう、その足りないものを、読者のみなさんと一緒に考えていけたらと思って、微力ながら書いたのがこの本なのです。そして、この本をきっかけに、どこかでみなさんとお目にかかったり、どこかでつながりを持ったりすることができたら、この上ないしあわせです。

　先日、北海道のとある国語の先生に「(私が)技を技として見せなくなったらおもしろい。(私の)本質をもっと見てみたい」と、言ってもらいました。
　私も自分自身の深い本質を見てみたいと実は思っています。これは大きな宿題です。だからこそ、これからもちょっとずつ挑戦していきます。

最後に、謝辞を書かせてください。

　インドの、名前を忘れてしまった有名な占い師の先生
　若かりし頃の私に、
「手のひらにほくろがある人は、将来きっと文章を書くことになるよ」
と言ってくれました。
　この言葉が支えとなり、原稿を書き続けることができたのです。不器用な私が、1冊の本を書けたのも、ほくろのおかげかもしれません。
　そして気が付くと、ほくろが1つ増えたことも、あわせて記しておきます。

　明治図書編集部の矢口さん
　（小学校の教科書に出ているアーノルド・ローベルの名作『お手紙』に出てくるかたつむりように）本当に遅々として届かない原稿を、辛抱強い声かけとともに待ってくださったことに、心より感謝申し上げます。雨の降る中、所沢で飲んだコーヒーの味も、いい思い出の1つとして残っています。

　そして最後に、眉毛が今もぬれているあなた（p.2参照）
　冗談にもかかわらず、本当に眉毛につばをつけて、一生懸命読んでくださったことに心から御礼申し上げて、締めとしたいと思います。その実直な心が、今後も危険な目にあいませんように。

　　　　　　　　　　　　　　　　　　　　　　　　　山本　純人

【著者紹介】

山本　純人（やまもと　すみと）

1977年埼玉県生まれ。
二松学舎大学文学部（国文学科／国語教育専攻）卒業。埼玉県富士見市立小学校教諭、川越市立中学校教諭を経て、現在埼玉県立所沢高等学校教諭。全国でも比較的珍しい小・中・高等学校三校種での勤務経験がある。日本学校俳句研究会幹事、チーム「じょうきげん」（関東・中学校教諭等勉強会）所属。日本綱引連盟公認審判員A取得。現在、綱引きの国際審判を目指して目下活動中。趣味は、バスケットボール（元日本バスケットボール協会公認審判員、元JBA公認コーチ）、古典落語、俳句（俳句結社「梓」「海鳥」所属）、旅行（現在23か国訪問）、読書。ポリシーは「いつも心にユーモアを」「らしく／ぶらず」「絶対／必ずという言葉は使わない」

著書に『楽しい俳句の授業アイデア50』（学事出版、共著）、『クラスがまとまるチョッといい俳句の使い方』（学事出版）、『THE 教師力～若手教師編～』（明治図書、共著）『THE 授業開き～国語編～』（明治図書、共著）、『THE 学級マネジメント』（明治図書、共著）、『大人も読みたいこども歳時記』（小学館、執筆）などがある。
Twitter:@Sumito821
感想・依頼（講演・執筆）:konotabiwa24@gmail.com

今日から使える！いつでも使える！
中学校国語授業のネタ＆アイデア99

2014年8月初版第1刷刊	©著　者	山　本　純　人
2021年7月初版第6刷刊	発行者	藤　原　久　雄
	発行所	明治図書出版株式会社

http://www.meijitosho.co.jp
（企画）矢口郁雄　（校正）大内奈々子
〒114-0023　東京都北区滝野川7-46-1
振替00160-5-151318　電話03(5907)6701
ご注文窓口　電話03(5907)6668

＊検印省略　　組版所　株式会社明昌堂

本書の無断コピーは、著作権・出版権にふれます。ご注意ください。

Printed in Japan　　ISBN978-4-18-091521-7